KB233005

역사 속 중국의 성문화

역사 속 중국의 성문화

김명석 지음

이담 Books

서문

　성은 문화를 이해하는 중요한 측면 중 하나이다. 한 나라의 문화를 이해하는 데 그 나라의 남녀관계를 이해하는 것은 필요 불가결한 과제이기도 하다. 우리는 흔히 현대사회의 성도덕이 문란해진 것은 우리가 서구의 문물을 무분별하게 수용하면서 우리의 전통적 성도덕이 무너져서라고 생각하기 쉽다. 이런 생각은 고대 동양은 원래 도덕적이었다는 선입관을 전제로 하고 있다. 물질문명이 발달하면서 정신문명이 문란해졌다는 것은 우리의 근대화가 성윤리의 타락과정과 맞물린다는 논리와 같다. 혹자는 현대사회의 병폐를 해결하는 답은 동양에 있으니 동양으로 돌아가자고 주장하기도 한다. 전통적인 충효와 예절이 그 대안이라는 것이다.

　그러나 전통적인 충효와 예절에서 과거의 성문화가 시작된 것은 아니다. 일부일처제가 자리 잡기 전에는 지금보다 성 억압이 훨씬 더 적을 수밖에 없었다. 고대인들은 현대인들보다 오히려 더 성에 대해 개방적이고 적극적이었다. 先秦(선진) 이전 중국인의 남녀관계는 군혼잡교가 일반적이었다. 유가와 도가 사상은 이런 개방적인 분위기에서 태동해서인지 모두 성을 중시하는 입장이다. 유가의 조상숭배사상은 원래 생식숭배의 관념에서 시작되었고, 도가의 자연주의 사상도 성을 자연스러운 현상으로 이해하는 입장이다.

그런데 우리가 이상으로 여기는 전통예절은 전통사회에서도 아주 짧은 시간 유지되었을 뿐이다. 전통사회 전반적으로 예교가 잘 지켜진 것이 아니라 남녀 모두가 입으로만 예교를 강조하고 겉으로 점잖은 척하지만 실제로는 다른 상황이었던 것이다. 중국에서 남녀 간의 예교는 춘추전국 음풍의 시대를 지나 막 형성된 봉건사회의 질서를 유지하기 위한 강제였다. 秦(진)나라, 漢(한)나라 통일제국이 형성되면서 예교가 완비되었지만 남녀 간의 자연스러운 관계가 위축된 것은 아니다. 그러다가 송대 이후 新儒學(신유학)이 유행하면서 성욕을 포함한 모든 인간의 욕망을 억압하고 포기할 것이 요구되었다. 그러나 그것은 백성을 통치하기 위한 수단, 즉 통치이념으로였을 뿐이다. 程朱理學(정주리학)에서 남녀 간의 예교를 강조했음에도 남자들의 방탕함은 여전했다. 게다가 남녀예교가 가장 엄격히 강요되었던 청대에는 오히려 동성애가 유례없이 성행하는 기현상이 일어났다. 성리학적 남녀예교가 강조되면서 남녀 간의 자연스러운 정욕이 억압을 받게 되었다. 그렇다고 사대부들이 간통을 할 수도 없으니 동성을 통한 성욕 해소로 표출된 것이다. 이런 현상은 우리나라도 마찬가지이다. 조선조 성리학이 지배 이데올로기가 되면서 남녀 간의 예교가 강요되었고 자연스러운 정욕의 표출이 억압되었다. 이와 맞물려 조선조에 성행한 기생제도에 주목할 필요가 있다. 평소 자연스러운 남녀교제나 욕구분출이 억압되자 일종의 보상심리로 남자들이 직업여성을 찾게 된 것이다.

이런 우리나라의 성문화를 이해하는 데도 문화적 원류라 할 수 있는 중국 성문화에 대한 이해는 우선시될 수 있다. 그런 생각에서 필자는 ≪역사 속 중국의 성문화≫라는 책을 발표하기에 이르렀다. 그러나 필자는 역사가가 아닐뿐더러 이 책은 일반인을 대상으로 한 교양서적일 뿐이다. 따라서 이 책을 쓰면서 역사적 사실을 꼼꼼히 대조해서 기록하기보다는 황궁에 사는 사람들이나 저잣거리의 평범한 사람들, 미인이나 악녀 등에 관한 이야기를 시대별로 정리해 성 풍속사적으로 엮어 보려 애썼다. 어쩌면 늘 중국문화에 대한 자료를 뒤적이고, 시간 나는 대로 웹서핑을 즐기는 필자의 호사가적 취미가 이 책을 저술하게 된 동기가 되었는지도 모른다.

이 책은 중국사의 왕조 구분에 따른 시대순으로 구성되었다. 관련 문헌을 인용하기도 했지만 일반인을 대상으로 했기 때문에 원문은 생략하고 번역문만 싣기로 했다.

이 책은 劉達臨(유달림)의 ≪중국의 성문화≫ 등 중국인이 자신의 입장으로, ‘안’에서 분석한 책들을 참고로 했지만 필자는 한국인이기에 ‘밖’에서 들여다본 결과물일 수밖에 없다. 그렇다고 ≪역사 속 중국의 성문화≫라는 제목에서처럼 이 책이 중국 성문화에 대한 신비주의적 색채나 동양우월주의 입장에 치중하고 있지는 않다. 어쨌든 이런 여러 연유 때문에 책의 내용에 부정확한 부분이 발견된다면 전적으로 필자의 책임이 될 것이다. 책 속의 도판이나 삽화는 관련 서적에 있는 것이 아니라 인터넷 등에서 널리 구하여 독자의 이해를 돕기 위해 실은 것이다. 도판의 편집 및 원고작업에 수고하신 한국학술정보(주) 편집부에 감사드리며 이끄는 글을 마치기로 한다.

2010년 9월 25일

김명석

목차

서문_ 4

01_ 춘추전국시대와 진대의 성문화

1. ≪詩經(시경)≫ 속의 성과 사랑_ 13
2. 춘추전국시대의 성과 사랑_ 17

02_ 전한과 후한시대의 성문화

1. 예교의 완비_ 43
2. 양한의 여인들_ 51

03_ 위진남북조와 수대의 성문화

1. 방중술의 발전_ 69
2. 자유분방한 성 풍속_ 78

04_ 당대의 성문화

1. 당의 건국과 향락문화_ 103
2. 황제의 여인들_ 107
3. 황실 여인의 사랑_ 117
4. 당대의 성과 사랑_ 130

05_ 오대십국과 송대의 성문화

1. 당의 멸망과 오대십국_ 137
2. 전족_ 139
3. 오대십국과 송대의 성문화_ 153

06_ 원대의 성문화

07_ 명대의 성문화

1. 원의 멸망과 명의 건국_ 175
2. 환관의 금기와 발호_ 178
3. 명대의 성과 사랑_ 189
4. 명대문학에 나타난 성과 사랑_ 193

08_ 청대의 성문화

1. 명의 멸망과 청의 건국_ 203
2. 청대의 성과 사랑_ 207
3. 동성애의 유행_ 213

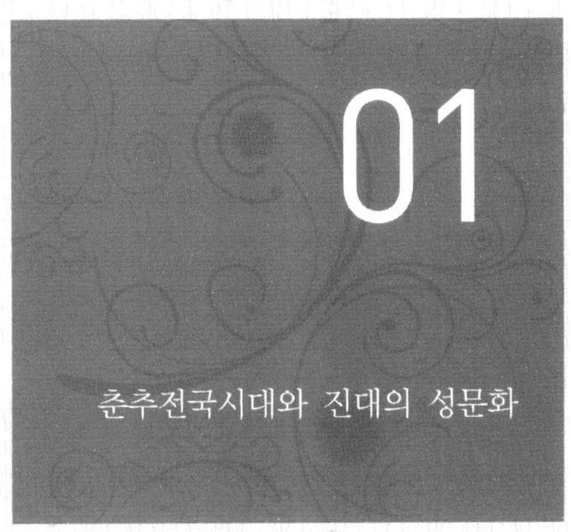

1. ≪詩經(시경)≫ 속의 성과 사랑
2. 춘추전국시대의 성과 사랑

01 | 춘추전국시대와 진대의 성문화

1. ≪詩經(시경)≫ 속의 성과 사랑

　제1장에서는 춘추전국시대와 진대의 성문화에 대해 알아보기로 한다. ≪시경≫은 중국에서 가장 오래된 시집이다. ≪書經(서경)≫, ≪易經(역경)≫ 등과 함께 三經(삼경)으로 불리고 ≪論語(논어)≫, ≪孟子(맹자)≫, ≪中庸(중용)≫, ≪大學(대학)≫ 등 四書(사서)로 불리는 경전과 함께 四書三經(사서삼경)으로 일컬어진다. ≪시경≫에는 '國風(국풍)' 160편, '大雅(대아)' 31편, '小雅(소아)' 80편, '頌(송)' 40편이 실려 있다. ≪시경≫에 수록된 시는 周(주)왕조 건국 초기인 B.C 1050년 무렵부터 춘추시대 초

기까지 황허 강 중류 중원지방에서 수백 년간 읊어지고 불린 노래 수백 편을 모은 것인데 이 시기는 우리나라의 고조선시대에 해당된다. 305편의 수록된 시 내용은 風(풍), 雅(아), 頌(송) 셋으로 크게 분류되는데 '아'는 大雅(대아), 小雅(소아)로 나뉜다. 國風(국풍)이라고도 하는 '풍'은 당시 여러 지역에서 불린 민요로 주로 남녀 간의 정과 이별을 다룬 내용이 많고 '아'는 공식 연회에서 쓰는 儀式歌(의식가)이며, '송'은 종묘의 제사에서 쓰는 樂詩(악시)이다. ≪시경≫에는 옛사람들이 유유한 삶을 구가하는 내용, 현실의 정치를 풍자하고 폭정을 원망하는 내용이 많은데 문학사적 가치도 높고 상고의 史料(사료)로서 가치도 뛰어나다. 따라서 후세 사람들도 ≪시경≫에 수록된 시를 많이 인용하고 있다.

시문학을 포함해 모든 예술은 시대상을 반영한다. ≪시경≫에서 이런 연애시를 살펴보는 것은 실제 그런 풍속이 행해졌기 때문이다. ≪시경≫에는 자유스러운 연애시가 눈에 띈다. ≪시경≫, <鄭風・丰(정풍・봉)>을 살펴보자.

> 그대의 믿음직함이여
> 나는 거리에서 기다렸거늘
> 내가 따라가지 않음이 후회가 되네
> 그대의 씩씩함이여
> 나를 방 안에서 기다렸거늘
> 내가 찾아가지 않음이 후회가 되네
>
> 비단 저고리에 홑옷 걸치고
> 비단치마 위에 덧치마 입고
> 사내들이여
> 수레가 오면 나도 함께 가리라
> 비단 치마에 홑치마 걸치고
> 비단저고리에 홑옷을 입고서

사내들이여
수레가 오면 나도 함께 시집가리라

　이 시에 등장하는 여자는 마음에 두었던 남자가 있었다. 그 남자는 여자를 문 밖에서 기다렸으나 자신이 마음을 정하지 못하여 좇지 않다가 후회하며 이 시를 지은 것이다. 여자가 처음부터 전송하지 않아서 남자를 잃은 것을 후회하면서 다음과 같이 말하는 것이다. "나의 옷은 이미 성대하게 갖추어졌는데 어찌 수레를 몰고 나를 맞이하여 함께 가려는 자가 없는가."
　이런 자유로운 연애시가 ≪시경≫에는 대단히 흔하다. 대담하게 성애를 묘사한 시도 있고 자기를 버린 남자를 원망하는 시도 있다. 그러면 ≪시경≫에 수록된 남녀의 애정편력을 노래한 시 몇 편을 살펴보기로 하자.

둘째 아드님아
우리 마을로 넘어오지 마셔요
우리 집 버드나무도 꺾지 마셔요
어찌 그것이 아까워서일까
나의 부모님이 두려워요
둘째 아드님이 그리워요
그러나 부모님 말씀이
또한 두려워요
둘째 아드님아
우리 집 담장을 넘어오지 마셔요
우리 집 뽕나무도 꺾지 마셔요
어찌 그것이 아까워서일까
나의 오빠들이 두려워요
둘째 아드님이 그리워요
그러나 오빠들 말이

또한 무서워요
둘째 아드님아
우리 집 뜰을 넘어오지 마셔요
우리 집 박달나무도 꺾지 마셔요
어찌 그것이 아까워서일까
남들의 소문이 두려워요
둘째 아드님이 그리워요
남들의 소문이
또한 두려워요

이 시는 ≪시경≫, <鄭風·將仲子(정풍·장중자)>에 나온다. 남의 눈을 피해 정분을 나누는 사연을 소개하고 있다. 시에서 여성은 仲子(중자: 둘째 아들)와 은밀히 만나 깊은 관계를 맺고 있는 듯하다. 부모님, 오빠나 남의 이목이 두려우니 담장을 넘어오지 말라고 하소연한다. 그런데 '내가 심은 버들을, 우리 집 박달나무를 꺾지 마라'는 어울리지 않는 하소연이 등장하는 데서 이 여성이 둘째 아들을 싫어해서 이 시를 읊은 것이 아니라는 것을 알 수 있다. 여인은 즐기고는 싶은데 주위에 소문이 날까 두려울 뿐이다. 여기서 강렬한 본능적인 욕정을 억누르지 못하고 맺어지는 청춘남녀의 사랑을 떠올릴 수 있다.

네가 날 사랑한다면
난 치마 걷고 진수라도 건너 따라가리라
네가 날 사랑하지 않는다면
어찌 다른 사람이 없을까
저 미친 놈, 미친 짓 하는구나
네가 날 사랑한다면
난 치마 걷고 유수라도 건너 따라가리라
네가 날 사랑하지 않는다면
어찌 다른 남자 없을까
저 미친 놈, 미친 짓 하는구나

이 시는 ≪시경≫, <鄭風·褰裳(정풍·건상)>에 나온다. 작중 화자인 여성은 매우 적극적이다. 여인이 사랑하는 남자에게 말하기를 "당신이 진정 나를 사랑한다면 장차 아랫도리를 걷고 溱水(진수)를 건너서 당신을 쫓아가겠다. 그러나 당신이 나를 생각하지 않는다면 어찌 다른 사람을 놔두고 당신을 쫓으리오."라고 하는 것이다.

2. 춘추전국시대의 성과 사랑

先秦(선진)시기 중원에는 五胡(오호), 즉 다섯 오랑캐로 불린 흉노족, 선비족, 저족, 갈족, 강족 등이 한족들과 잡거하며 통혼했다. 오호 가운데 흉노, 선비, 저, 갈은 이미 중국 역사에서 흔적도 없이 소멸했다. 현재는 '羌(강)'족만이 독립민족으로 생존을 유지하고 있다.

강족은 전형적인 유목민족이다. ≪後漢書(후한서)≫의 기록에 따르면, "그들의 습속은 … 부친이 없어지면 계모를 처로 삼는다. 형이 죽으면 형수를 받아들인다. 그리하여 나라에 과부가 없다. 종족이 아주 번성했다."고 한다. 殷周(은주)나라의 시조탄생 설화에도 알 수 있지만 고대 중국은 모계사회였다. 그러나 점차 부계사회로 나아가면서 남아선호사상이 생기게 되었다. 당시에는 군혼잡교가 널리 이루어지고 있었기에 방금 시집온 아내가 낳은 첫아이가 누구 자식인지도 알 수 없었다.

禹(우)임금은 "내가 辛壬日(신임일)에 塗山(도산)에서 女嬌(여교)를 취하고, 癸甲日(계갑일)에 啓(계)를 낳았으니 내 아들이 아니다."라고 한 바 있다. 다시 말해 처를 취한 이틀 뒤에 아들을 낳았으니 자기 혈통이 아니라는 뜻이다. 이런 상황 때문에 내 혈통이 아니라면, 내 재산이 다른 아이에게 상속될까 하는 걱정에 맏아이를 죽이는 풍속이 생기게 되었다.

胡(호)나라에서는 큰아들을 죽여서 깨끗이 함으로써 세상을 바르게 한다고 하였다. ≪漢書(한서)≫, <元后傳(원후전)>에는 이들이 '殺首子(살수자)' 즉 맏아이를 죽이는 습속이 있었다고 분명히 밝히고 있다. 또 ≪墨子(묵자)≫, <節葬下(절장하)>에도 이와 비슷한 내용이 있다. 越(월)의 동쪽에 있었던 輆沐國(해목국)에서는 맏아이가 태어나면 도살하여(그 고기를) 먹었다고 한다. 이것을 宜弟(의제)라고 한다. 그 이유는 아우를 적자로 세우기 위해서라고 한다.

당시 여자가 시집와서 낳은 첫아이는 누구 아이인지 알 수가 없었기에 '종자'가 불분명한 아이한테 재산을 물려줄 수가 없었다. 이는 당시 그만큼 정조관념이 희박하고 처녀들이 시집가기 전에 성생활이 자유로웠다는 방증이다. 혼인한 뒤 가장 먼저 낳은 자식을 죽이는 습속은 西周(서주)시기까지 계속되었다. 이것은 자기 혈통을 지키기 위해 의심스러운 자식을 내다 버리는 '棄子(기자)' 풍습이었다. 여성이 낳은 자식을 불신하고 자기의 핏줄만을 세우려는 노력, 매우 잔혹하고 야만적으로 보이는 이 풍습으로부터 남성들의 여성에 대한 억압과 지배가 시작되었다고 볼 수 있다.

이런 걱정은 기우가 아니었으니 춘추시대에는 왕조혈통이 바뀐 경우도 있었다. 그 대표적인 경우가 秦(진)나라의 시황제와 楚(초)나라의 幽王(유왕)이다. 진시황의 친아버지는 황실의 계보에 나와 있는 子楚(자초)가 아니라 呂不韋(여불위)였다. 여불위는 여러 나라를 돌아다니며 재산을 많이 모아 큰 부자가 되었다. 어느 날 여불위는 조나라의 수도인 한단에 왔다가 자초를 만나게 되었다. 자초는 진나라에서 조나라에 인질로 와 있는 진나라 왕의 손자이다. 여불위는 자초에게 접근했고, 자초는 여불위가 대주는 돈으로 많은 사람들과 사귀며 호화로운 생활을 하였다. 하루는 자초가 여불위가 데리고 사는 여자를 보고는 자기 아내로 삼게 해 달라고 청했다. 여불위는 개의치 않고 그 여자를 자초에게 바쳤다. 그것은 여불위가 생각하기를 자초가 진나라의 임금이 되면 자신이 굉장한 이득을 보게 될 거라고 보았기 때문이다. 그 여자는 사실 여불위의 아기를 배고 있었다. 자초에게로 간 여자는 얼마 뒤 아들을 낳았는데 자초는 그 아들이 제 자식인 줄만 알고 잘 키웠다. 이 아이 政(정)이 바로 훗날 천하를 통일한 秦(진)나라의 始皇帝(시황제)였다(≪史記≫, <여불위전>).

한편 초나라의 考烈王(고열왕) 이야기도 이와 비슷하다. 고열왕에게는 늙도록 아들이 없었다. 초나라에는 春申君(춘신군)이 있었는데 그는 미색이 뛰어난 李園(이원)의 여동생을 좋아해 가까이 지냈다. 그러다 그녀가 임신하자 자기 부인으로 삼는 게 아니라 고열왕에게 바쳤다. 그런 줄 모르는 고열왕은 그녀를 총애했고 얼마 뒤 아들을 낳자 태자로 세웠다. 이에 따라 이원의 누이동생은 왕후가 되었고 오빠인 이원이 실권을 쥐게 되었다. 왕후의 오빠가 되었지만 이원은 언젠가는 혈통의 비밀이 밝혀지지 않을까 걱정이 들었다. 이후 고열왕이 병으로 죽자 이원은 춘신군과 일족을 모두 살해하였다. 이렇게 이원의 누이동생이 낳은 아들이 유왕으로 즉위하게 되니 이원의 의도대로 일이 이루어진 셈이다(≪戰國策(전국책)≫, <楚策(초책)>).

진시황의 혈통이야기가 나와 있는 ≪사기≫, <여불위전>에는 공자 탄생에 관한 이야기도 나온다. 공자 역시 춘추시대 군혼잡교가 이루어지던 시대를 살았던 사람이었다. 춘추시대에는 남녀 간의 예교가 정비되지 않았기 때문에 여성의 정조관념도 희박했다. 공자의 출생 역시 이런 상황을 피할 수 없었다. ≪사기≫, <孔子世家(공자세가)>에 따르면 叔梁紇(숙량흘)이 顔徵在(안징재)라는 여자와 들판에서 野合(야합)해 공자를 낳았다는 기록이 있다. 숙량흘에게는 아홉 명의 딸이 있었는데 아들이 없었다. 그래서 첩을 들였는데 그렇게 낳은 아들이 孟皮(맹피)였다. 그런데 그는 다리가 불구였다. 그래서 숙량흘은 튼튼한 자식을 갖고 싶어 나이 70이 넘어 안징재라는 나이 어린 소녀를 취했다. 안징재는 임신을 하자 尼丘山(니구산)에 가서 기도를 올렸다. 그렇게 치성을 드린 뒤 공자를 낳았는데 공자의 이름이 丘(구: 언덕)가 된 것은 이 산에서 치성을 드린 것과 관련이 있다고 할 수 있다.

그런데 ≪사기≫의 기록에서 '野合(야합)'이란 말은 '들판에서 통정'해 아이를 낳았다는 뜻이다. 오늘날 쓰는 '야합'이란 한자어도 여기서 유래된 것이다. 요즘은 '야합'이 몰래 만난다는 의미이거나 좋지 못한 결합을 가리키는 말로 쓰인다. 물론 야합에 관해서는 다른 해석도 있다. 이 말이 문자 그대로 '들판에서 통정하다'라는 뜻이 아니라 정상적인 부부관계가 아니라는 뜻이라고 한다. 이렇게 '야합'의 해석에 관해서는 의견이 분분하지만 어쨌거나 정상적인 부부관계에서 낳은 자식이 아님은 분명하다. 그래서 孔子(공자)는 사생아였다는 소리를 듣기도 한다. 그러나 당시 성 풍속으로 미루어 보건대 '들판에서 통정'해 태어났다는 기록은 있을 만한 일로 보인다. 예가 성립될 초기에 예를 범하는 일은 여전히 적지 않았으니 이때는 원시시대의 군혼잡교 풍속이 남아 있었기 때문이다. 이 시대에는 오늘날 시각으로 볼 때 있을 수 없는 행위가 비일비재했다. 다시 말해 그 당시의 도덕률이 음란한 풍습을 뿌리 뽑을 만큼 엄격하지 않았고 사람들도 순결한 도덕의식을 갖고 있지는 않았기 때문이다. 어쨌든 사생아라는 사실 때문에 공자는 훗날 조롱받기도 했다. 조선시대의 선비들은 공자를 신격화하고 숭배했는데 공자의 탄생에 관한 이야기는 이들이 듣고도 믿지 않았을 것이다.

이후 周(주)대에 들어서는 혼전, 혼외의 성적 접촉을 원천 봉쇄하기 위해 남자와 여자를 엄격하게 구분하고, 심지어 얼굴도 마주치지 못하도록 하는 남녀유별이 생기게 된다. 이렇게 중국 고대의 혼인제도, 즉 일부일처제는 주대에 이르러 자리를 잡게 되었다. 춘추전국시대에는 제자백가, 곧 수많은 학파와 학자들이 자유롭게 자신의 사상과 학문을 펼쳤다. 제자백가 중에는 공자의 유가가 가장 먼저 일어나서 仁(인)의 교의를 수립하였고, 그다음으로 墨子(묵자)가 兼愛(겸애)를 주창하여 묵가를 일으켰으며, 이윽고 老子(노자), 莊子(장자) 등의 도가와 여러 제파들이 나타났다. 그런데 어느 사상도 그런 음란한 행위와 풍습을 제지할 만한 효과적인 조치를 취하지 못했다.

공자는 그런 시대의 한가운데를 살았던 사람이다. 공자는 천하를 주유하며 세상을 바로잡기 위한 도를 설파했다. 공자는 노나라의 재상 직을 버리고 위나라로 가게 되었다. 위나라의 영공은 크게 기뻐하며 공자를 맞이했다. 위영공에게는 왕후 南子(남자)가 있었지만 동성애인도 있었으니 그가 바로 彌子瑕(미자하)다. 세월이 흘러 미자하의 미모에 싫증이 난 영공은 大夫公子 朝(대부공자 조)라는 또 다른 동성애인을 총애하게 되었다. 조는 영공의 총애를 얻어서 궁을 마음대로 드나들었다. 그런데 외모가 출중한 미남이 후궁에 들어오자 예상치 못한 문제가 생기게 되었다. 조에게 사랑하는 여자가 생긴 것이다. 그녀는 바로 영공의 왕후였던 南子(남자)였다. 남자는 송나라 출신 여인으로 미모가 뛰어났다. 남녀 간의 사랑은 어쩔 수 없는 것인지, 영공의 동성애인인 처지에 왕후까지 사랑하게 된 조는 왕궁에서 난동을 일으키게 된다. 이 난동으로 위협을 느낀 영공은 잠시 왕궁에서 피신을 했다가 다시 궁으로 들어왔다. 이때 조는 남자와 함께 晉(진)나라로 도주했다. 그러나 영공은 난동을 일으킨 조에 대한 애정을 여전히 거두지 못했다. 결국 그를 용서하고 모후께서 며느리인 남자를 보고 싶어 한다는 이유로 조와 남자를 다시 위나라로 돌아오게 했다.

그런데 공자가 위나라에 잠시 머물 때 이 남자라는 여인을 만난 일이 있었다. 제자인 子路(자로)는 공자가 평판이 안 좋은 그녀를 만난 것은 공자가 위나라의 벼슬을 얻고 싶어서라고 생각했다. 그래서 왜 음란한 여자를 만났느냐고 달가워하지 않자 공자가 맹세코 말했다.

> "내가 부정하는 사람은 하늘도 싫어할 것이다. 하늘도 싫어할 것이다."(≪論語(논어)≫, <雍也(옹야)>)

공자의 이 말은 '남의 말을 그대로 믿지 말라, 죄가 큰 사람은 하늘도 버릴 것이다. 남자를 만난 것에 대해 이렇게 못마땅해 할 필요가 없다'는 의미로 한 말이다.

제1장에서 언급한 여러 이야기에서처럼 춘추전국시대 세상은 극도로 혼란하고 풍속이 문란했다. 이런 상황에서 공자, 맹자의 가르침은 제자들을 통해서 널리 퍼졌고 도가와 법가 등 여러 사상에도 영향을 주었다. 그러다가 중국에서 秦(진)이라는 통일제국이 건립되면서 예교가 완비되게 된다. 이렇게 최초로 중국을 천하 통일한 사람은 秦王

政(진왕 정)이었다.

당시 모든 나라에서는 왕이라는 칭호를 썼다. 사마천 ≪사기≫의 진시황 본기 26년조를 보면 신하들이 왕의 호칭을 泰皇(태황)으로 하자고 하자 진시황은 三皇五帝(삼황오제)를 떠올리며 '皇帝(황제)'라 하자고 했다. 즉 '황제'란 '세상에서 제일 높은 지존의 자리'라는 뜻이다. 또 진의 승상 王綰(왕관), 어사대부 馮劫(풍겁), 정위 李斯(이사) 등은 황제가 자신을 칭할 때 '朕(짐)'으로 하자고 했다. 진시황은 이를 받아들여 자신을 짐이라고 칭했다. 또 신하들이 자기를 일컬을 때는 '陛下(폐하)'라고 부르게 했다. 폐하는 '궁전에 오르는 계단 밑'이라는 뜻이다. 신하나 종이 왕이나 상전을 대할 때 직접 대하지 못하고 계단 밑에 서 있는 데서 유래된 것이다.

진시황은 권위주의적인 법가의 치세원리를 채택하고 중국의 천하를 통일했다. 그래서 이전 왕조의 모든 서적을 불태우고 子思(자사) 등 맹자학파 유학자들을 산 채로 구덩이에 파묻었다. 책을 불태우고 학자를 매장시킨 이 사건을 焚書坑儒(분서갱유)라고 한다. 그가 이런 가혹한 조치를 시행한 목적은 백성들이 과거를 비판하고 현재를 수

秦王 政(진왕 정)

용하도록 하기 위해서였다. 요즘의 시각으로 말하자면 이것은 일종의 언론탄압이었던 셈이다. 많은 사람들은 이를 가혹한 폭정으로 이해하지만, 효율적인 관리 제도를 확립하는 일환으로 이는 분명 법가적인 조처였다. 진시황은 이렇게 갖가지 법과 제도를 제정했고, 법가사상은 유교의 도덕론과 결합하여 중국 사회를 2000년간 전제 군주제로

이끌어 온 이론적 기반으로 자리 잡았다. 그러나 아이러니하게도 진나라가 멸망하고 한왕조가 탄생된 것은 진시황의 극단적인 법치주의 때문이기도 했다. 법가사상은 진시황제의 천하통일 위업에 절대적으로 기여했지만 그는 통합된 국가행정에 너무도 가혹하고 단순하게 이를 적용해서 나라가 존속되지 못하게 된 것이다.

고대 중국에서 춘추전국시대까지는 성문화가 매우 자유분방했다. 근친상간도 없지 않아 시아버지가 며느리를 취해서 정을 통하거나, 자식이 계모와 간통하는 일도 있었다. 또 임금과 신하가 한 여자와 번갈아 자는 경우도 있었고 아내를 바꾸어 즐기는 일도 있었다. 물론 이에 대한 제재도 없지는 않았다. 하지만 주목할 만한 점은 혈연이 섞이지 않은 남녀 간의 사통이 烝(증), 極(극)이라 하여 호된 비판을 받은 반면, 혈연이 섞인 남녀 간의 관계는 淫(음), 通(통)이라 하여 오히려 가벼운 비판을 받았다는 것이다. 또 왕실 내에서 근친상간이 생긴 경우, 왕자와 계모의 사통은 통치질서를 뒤흔든다고 보아서 왕자, 공주 간의 사통보다 더 야만적이라고 여겼다는 사실이다. 이것은 오늘날 우리의 성 관념과는 차이가 있다. 춘추전국시대의 풍조와 요즘 사회적 병리현상으로서의 근친상간이나 성범죄는 그 배경이 분명히 다르다. 당시의 자유분방한 성 풍속이 오늘날 프리섹스와는 배경이 다르므로 의미도 다를 것이다. 따라서 어느 집단의 성문화에 대한 판단은 그 시대적 배경이 어떤지, 이런 행위가 일어난 요인이 무엇인지를 먼저 고찰해야 한다.

고대 중국에서 아비가 며느리를 뺏은 예로는 衛宣公(위선공), 楚平王(초평왕), 蔡景公(제경공) 등이 있고 조카며느리를 뺏은 예로는 晉文公(진문공)이 있었다. 우선 위나라 선공의 경우를 알아보기로 하자. 춘추전국시대, 위나라를 다스리던 선공은 여자라면 사족을 못 썼다. 그는 아버지 위장공의 애첩 夷姜(이강)과 불륜 관계를 맺어 아들 急子(급자)를 두었다. 위장공이 세상을 떠나고 그가 왕위에 오르자 그는 원비였던 현비를 박대하고 아버지의 애첩 이강과 터놓고 부부생활을 했다. 급자가 16세가 되었을 때 선공은 급자와 제나라 희공의 장녀 선강을 결혼시키려고 했다. 이에 제나라 희공에게 사신을 보내 두 자녀의 혼사에 관한 뜻을 전했다. 그런데 돌아온 사신의 말이 선강이 천하절색이더라고 했다. 이 말을 들은 선공은 엉큼한 생각이 들었는지 아들의 결혼상대자로 점찍어 둔 며느릿감을 자기의 첩으로 삼았다. ≪詩經(시경)≫, <北風·新臺(패풍·신대)>는 바로 이 이야기를 읊은 시다. ≪시경≫, <신대>의 <小序(소서)>는 다음과 같이 설명한다.

> "新臺(신대)란 시는 위선공을 풍자한 것이다. 아들 伋(급)의 처를 맞이하는데 강가에 新臺(신대: 새 누각)를 세우고 며느리를 빼앗았다. 나라 사람들이 그것을 싫어하여 이 시를 지었다."

며느리를 빼앗은 또 다른 예로 채경공의 이야기를 알아보자. 채경공은 아들을 위해 초나라 여인을 며느릿감으로 맞아들였다. 그러나 며느리가 될 여인과 정을 통하고 말았다. 이를 알게 된 아들은 격분했고 내시들을 이끌고 와서 아버지를 칼로 베어 버리는 천인공노할 일이 일어났다. 이때 아들은 다음과 같이 말했다고 한다.

> "아비가 아비가 아니라면 아들도 아들이 아니지 않은가!"

한편 초평왕에게는 費无极(비무겁)이라는 신하가 있었다. 탐욕 많은 아첨꾼인 그는 평왕의 총애를 받아 많은 악행을 저질렀다. 그런데 그는 태자 建(건)과 사이가 안 좋았다. 그래서 그는 건을 제거하기 위해 한 가지 계략을 생각해 냈다. 태자가 결혼할 때가 됐으니 秦(진)나라와 혼사를 상의하도록 주선했다. 평왕의 총애를 받았던 그는 직접 진나라로 태자비를 구하러 가게 되었다. 진나라에서 천하절색의 태자비를 구해 초나라로 돌아오는 길, 그는 하루 일찍 궁으로 돌아와 이 여인이 직접 평왕을 알현하게 했다. 며느리가 될 여인의 미색을 보고 반한 평왕은 이 여인을 자신의 여자로 만들어 버렸다. 대신 태자는 외지로 추방해 보내 변방의 성을 지키게 했다.

이 밖도 晉獻公(진헌공)이 계모 齊姜(제강)과 통정했다는 기록도 있다. 그런데 피는 못 속이는지 진헌공의 아들 晉文公(진문공)은 자신의 조카며느리를 첩으로 받아들였다. 아버지는 계모와 통정하고 아들은 조카며느리와 통정하고…. 부자지간에 대를 이은 패륜의 연속이다. 지금으로서는 이해가 안 되겠지만 이런 일은 유교가 중국사회에 뿌리내리기 전 중국의 자유분방한 성 풍속을 잘 반영하는 것이다.

다음으로 제양공과 문강의 이야기를 알아보기로 하자. 제희공에게는 딸이 둘 있었는데 둘 다 천하절색이었다. 첫째는 衛(위)나라의 세자에게 출가했다가 그 시아버지인 衛宣公(위선공)의 부인이 된 宣姜(선강)이고 둘째는 文姜(문강)이었다. 문강은 절세가인일 뿐 아니라 박식하고 조리 있게 말도 잘해서, '글월 문' 자를 써서 이름을 문강이라 지었다. 그러나 이름과는 달리 요염하고 음탕한 면이 있었다. 제희공에게는 아들 諸兒(제아)가 세자로 있었는데 주색을 밝힌 그는 문강과는 이복남매 사이였다. 제아는 비록 이복남매 간이지만 문강의 아름다운 미모에 마음을 둔 지 오래로, 희롱하려는 마음을 늘 가지고 있었다.

　제희공 재위 25년, 기원전 706년 北戎(북융)이 군사를 일으켜 제나라를 침략했다. 제나라는 이웃 정나라에 지원을 청했고 정나라는 세자 忽(홀)에게 군사를 주어 제나라에 원병을 보냈다. 세자 홀과 제나라 군사가 벌인 합동작전으로 북융을 크게 물리칠 수 있었다. 희공은 기쁨에 겨워 딸 문강을 불러, 정나라 세자 홀의 영웅담을 칭찬하고 그와의 혼인을 추진했다. 그러나 세자 홀은 문강과의 혼인을 거절했고 문강은 크게 실망했다. 얼마 뒤 희공은 宋庄公(송장공)의 딸을 구하여 아들 제아의 배필로 삼았다. 그녀에게는 魯(노)와 莒(거) 출신의 시녀가 있었는데 시집올 때 함께 데리고 와서 제아의 잉첩이 되었다.

　한편 魯桓公(노환공) 軌(궤)는 나이가 많았지만 결혼을 못 하고 있었다. 노환공은 신하를 보내 정나라 세자와의 혼담이 무산된 문강에게 청혼했고 희공은 두 사람의 혼인을 허락했다. 제아도 문강이 노나라에 시집가게 되었다는 소식을 들었다. 송장공의 딸과 신혼의 달콤함을 누리고 있던 제아는 엉뚱한 음욕이 솟아올랐다. 제아는 궁인을 시켜서 문강에게 꽃을 보냈는데 그 속에 다음과 같은 글을 써 넣었다.

> "복숭아나무에 꽃이 피었는데 그 찬란함이 저녁노을과 같네. 집 앞
> 에 피었건만 꺾지 못하네.
> 나는 바람에 나부끼는 풀숲 같은 신세라. 아아! 이를 어이할거나,
> 아아! 이를 어이할거나?"

　문강은 제아가 보낸 글을 읽어 보고, 제아가 그에게 오래전 품은 마음을 알게 되어 역시 글을 지어 제아에게 보냈다.

　"복숭아나무에 꽃이 피었는데 그 아름다움이 무르익었네. 이제 그

가지를 꺾지 않아도 오는 봄을 어찌 막을 수 있으랴. 아아! 정녕이
로다. 아아! 정녕이로다.”

그러나 이미 정해진 인륜지대사를 돌이킬 수 없는 법. 문강은 노환
공에게 시집가고 제나라와 노나라라는 사돈 국가가 되었다. 몇 년 뒤
문강은 노환공에게서 세자 동을 낳았다. 그리고 제나라에서는 희공이
별세했고 세자 제아가 즉위하게 되었다. 그가 곧 齊襄公(제양공)이다.
그리고 얼마 뒤 양공은 정부인이던 송장공의 딸이 죽어 상처하게 되
었다. 그는 주나라 왕실에 혼사를 구했다. 주왕은 허락했고 노나라 환
공에게 혼례를 주관하도록 명했다. 환공은 양공의 혼사를 상의하기
위해 제나라로 들어오게 되었다. 시집간 여동생의 남편이 오게 되자
양공은 자신과 정을 나누었던 옛 추억이 떠올랐다. 그래서 환공이 올
때 아내인 누이동생도 같이 대동했으면 좋겠다는 뜻을 전했다. 그래
서 환공은 아내 문강과 함께 처가인 제나라로 오게 되었다.

제양공은 잔칫상을 크게 차리고 노환공 부부를 환대했다. 오랜 만
에 만난 양공과 문강은 서로 은근한 정으로 인사말을 나누었다. 이어
양공은 문강을 궁중으로 데리고 들어갔는데 천륜을 저버리고 이복남
매 간에 통정을 하고 말았다. 이렇게 몇 날 며칠을 궁중에서 나오지
않자 환공은 의심을 했고 두 사람 간의 일을 눈치 채게 되었다. 그래
서 처 문강과 함께 노나라로 돌아가겠다고 급작스레 귀국의 뜻을 전
했다. 이 소식을 들은 양공은 환공이 두 사람 간의 일을 알게 된 것을
깨닫고 속을 태웠다. 문강이 떠나는 것이 싫기도 했지만 노환공이 원
한을 품어 두 나라가 원수 간이 되는 것이 걱정되었다.

그래서 환공에게 사람을 보내 환송잔치를 베풀 테니 참석하라고

종용했다. 환공은 내키지 않았지만 참석을 계속 독촉하자 하는 수 없이 참석하기로 했다. 문강도 남편 앞에서 이복오라버니와의 일을 잡아떼기는 했지만 후환이 두려운 것은 마찬가지였다. 문강은 彭生(팽생)을 불러 술자리가 끝나고 돌아오는 길에 남편을 죽이라고 지시했다. 팽생은 환공을 호위하는 척하다가 수레 안에서 쥐도 새로 모르게 환공을 죽여 버렸다.

환공이 죽었다는 소식을 들은 양공은, 거짓으로 한바탕 통곡을 한 다음 장사를 후하게 치르도록 명했다. 또 사람을 시켜 노나라에서 환공의 관을 모셔 가도록 했다. 환공이 수레 안에서 급서했다는 소식이 전해지자 노나라의 대신들은 분노했다. 제양공과 문강과의 불륜이 환공이 급서한 경위가 아닌가 의심했고 제나라에 쳐들어가자는 의견까지 나왔다. 그러나 제나라의 세력이 강성한 관계로 우선 국서를 보내기로 했다. '수레 안에서 변고가 있었다고 하는데 책임진 자에게 죄를 물으라'는 것이다. 양공은 노나라에서 보내온 국서를 읽고 사람을 보내 팽생을 입조하게 했다. 팽생은 스스로 공을 세웠다고 생각하여 고개를 높이 쳐들고 입궐했다. 그러나 양공은 노나라 사신 앞에서 팽생을 꾸짖고 죄를 덮어씌워 죽여 버렸다.

그다음 양공은 주나라에 사람을 보내, 자신의 재혼을 허락해 준 것에 대해 감사의 말을 전한 후 혼사 날을 받아 오게 했다. 그리고 노나라에는 환공의 시신을 수레에 실어 돌려보냈지만 문강은 계속 머물게 하고 돌려보내지 않았다.

결국 노나라에서는 환공의 장례를 치르고, 세자 동이 魯庄公(노장공)으로 즉위하게 되었다. 노나라의 顓孫生(전손생)은 양공의 새 부인이 될 王姬(왕희)를 제나라에 데려다 주고, 노장공의 명을 받들어 문강을 데리고 돌아가려고 했다. 제양공은 마음속으로는 내키지 않았으나 명분상 어쩔 수 없이 문강이 돌아가는 것을 허락했다. 문강을 태우고 가는 수레가 礻(작) 땅에 당도하여 유숙하고자 역관에 들렀다. 문강은 제나라 땅도 노나라 땅도 아닌 그곳에서 앞으로 지내겠다며 돌아가지 않겠다고 했다. 문강의 아들 노장공은 어머니가 귀국할 면목이 없어서 그러는 줄 알고 祝邱(축구)에 관사를 짓고 그곳에서 살게 했다. 이후 문강은 수시로 제와 노 두 나라 땅을 마음대로 드나들며 양공과도 만났다. 그러나 노장공은 계절이 바뀔 때마다 음식을 준비해서 어머니 문강에게 문안을 올렸다고 한다. 게다가 노장공은 어머니 문강의 권유로 양공의 어린 딸과 혼인을 하게 되었다. 외삼촌과 외생질, 장인과 사위, 어머니가 서로 정을 통하게 되었으니 제양공이 노장공의 아버지뻘이 되는 등 굉장히 복잡한 가족관계를 이루게 되었다. 지금으로서는 이해가 안 되겠지만 이 일들은 유교가 중국사회에 뿌리내리기 전 중국의 자유분방한 성 풍속을 잘 반영하고 있다.

文姜(문강)

춘추전국시대의 여인을 언급하는 데 夏姬(하희)를 빼놓을 수 없다. 하희는 鄭穆公(정목공)의 딸인데 陳(진)나라 대부 夏御淑(하어숙)에게 출가를 했다. 굉장한 절세미인이었다는데 그녀에 관해서는 다음과 같은 이야기가 전한다. 그녀가 열다섯 살 때, 꿈속에서 神人(신인)이라고 하는 남자와 교접을 했다. 그 뒤 하희는 남자와 교접을 할수록, 나이가 들수록 오히려 젊어졌다고 한다. 색골로 알려진 하희에 관한 이런 전설은 현실성이 없는 이야기지만 성교로 불로장생을 추구하는 방중술의 사고와 왠지 일치하고 있다.

하희는 출가하기 전에 사촌오빠와 관계를 맺었는데 기를 다 빼앗겨서인지 사촌오빠는 3년 만에 말라 비틀어져서 죽었다. 하희는 하어숙의 아내가 되어서 아들을 낳았는데 그가 夏徵舒(하징서)이다. 하어숙 역시 결혼한 지 몇 해 만에 기운을 잃고 죽었다고 한다. 과부가 된 하희는 사내들을 유혹해서 재미를 보았는데 이상하게도 남자들이 얼마 버티지 못하고 죽었다. 그러나 孔寧(공령)과 儀行父(의행보)는 달랐다. 이들은 본래 하어숙과 같이 벼슬살이하던 친구였는데 죽은 친구의 아내 하희에게 경쟁적으로 접근했다. 남자라면 사족을 못 쓰는 하희도 두 사람과 즐거이 통정했다. 하희는 두 사람 가운데 정력이 좋은 의행보를 더 좋아했다. 하희로부터 밀려난 공령은 진영공에게 하희를 천하절색이라 천거했다. 그러자 진영공과 의행보, 공령 세 사람이 하희의 속옷을 몸에 걸치고 조정에서 서로 즐기는 추태를 부렸다.

그러자 洩冶(설야)라는 대신이 영공에게 윗사람으로서 음란한 행동을 삼가시라고 간했다. 이 말을 들은 영공은 설야가 간한 말을 공령과 의행보에게 전했다. 두 사람은 설야를 죽여야 한다고 주장했고 이렇게 설야는 죽임을 당하고 만다. 하희를 무척 총애했던 영공은 하희

를 기쁘게 해 주려고 하희의 아들 하징서를 司馬(사마)로 삼아 진나라
의 병권을 맡겼다. 하징서는 영공에게 은혜를 보답하기 위해 잔치를
베풀었다. 이 자리에서도 군왕과 공령과 의행보, 두 신하는 음란한 농
담을 하며 춤추며 즐겼다. 그러나 하징서는 어머니와 달랐다. 그는 차
마 이 추한 모습을 보지 못하고 병풍 뒤에 숨어 있었다. 영공은 하징
서가 눈에 안 보이자 의행보에게 농담을 했다. 하징서가 혹시 의행보
의 아들이 아니냐고 하자, 의행보는 영공의 소생이라고 했다. 그러자
옆에서 공령은 하희와 접촉한 사내가 너무 많아 하징서는 아마 잡종
일 것 같다, 누구 소생인지 짐작할 수가 없다고 거들었다. 이 말에 세
사람이 박장대소하자 병풍 뒤에서 이 말을 듣고 있던 하징서는 분노
에 치를 떨었다. 자리를 박차고 나간 그는 병사들을 이끌고 와서 영
공을 죽여 버렸다. 그러나 이는 신하가 임금을 죽인 반역죄였다. 초나
라 장왕은 반역을 토벌한다는 구실로 진나라로 쳐들어왔다. 결국 진
나라는 멸망당하고 하징서도 죽임을 당하게 되었다.

그런데 초나라 莊王(장왕)도 하희를 보자 미색에 반해 후궁으로 삼
으려고 했다. 장왕뿐만 아니라 公族大夫(공족대부) 屈巫(굴무)도 하희
에게 흑심을 품고 있던 터였다. 굴무는 장왕이 하희를 후궁으로 삼는
데 강력히 반대했다.

"하희는 천하의 요물입니다. 그 여자 때문에 수많은 남자가 죽었고,
진나라도 그 여자 때문에 멸망했습니다. 천하에 이런 가증스러운
요물이 또 어디에 있겠습니까?"

결국 초장왕은 하희를 連尹 襄老(연윤 양로)에게 주었다. 얼마 후
양로는 전쟁터로 나가게 되고 하희는 혼자 남게 되었다. 독수공방하

게 된 그녀는 욕정을 참지 못하고 양로의 아들 黑(흑)을 유혹해 통정했다. 이후 전쟁터에 나간 양로가 전사했다는 소식이 들려왔다. 그러나 아들 흑은 슬퍼하기는커녕 하희에게 빠져 정신을 못 차리고 있었고 아비의 시신조차 찾으려 하지 않았다. 세간에 서모와 아들이 통정하고 지아비는 전쟁터에서 죽었다는 소문이 나돌았다. 그러자 하희는 부끄러운 생각이 들었던지 남편 양로의 시체를 찾으러 간다며 친정인 정나라로 도망을 갔다.

정나라로 온 하희는 그녀에 대해 일찌감치 흑심을 품고 있던 굴무의 여인이 되었다. 굴무는 하희를 자신의 여자로 만들었을 뿐 아니라 초나라를 배반하고 이름을 바꾸어 진나라의 신하가 되었다. 하희라는 한 여인 때문에 진나라와 초나라의 여러 왕과 신하들이 암투를 벌인 이 이야기는 ≪춘추좌씨전·선공9년≫에 나온다.

夏姬(하희)

희대의 요부 하희를 두고 벌인 여러 나라 군신들 간의 경쟁에 대해 우리는 하희가 얼마나 아름답고 성기교가 뛰어나기에 그랬을까 생각할 수 있다. 그런데 하희를 둘러싼 이들의 행각이 욕정을 주체하지 못했기 때문만은 아니었다. 많은 신하들이 앞 다투어 하희와 관계를 맺고자 한 것은 하희라는 지체 높은 여성과 음행을 하는 것이 당시 죄악시되지 않았고 오히려 신성시되었기 때문일 것이다. 서양학자 J. Lubbock은 원시부락에 대해 연구를 했다. 고대에는 음란한 여자가 높은 영예를 누렸는데 이는 상고시대부터 남아 있는 풍속과 관련이 있다고 한다. 중국의 춘추시대에 하희 같은 음란한 여자들이 높은 지위를 누린 사실도 유사한 관점에서 접근할 수 있을 것이다. 하희는 당시 사회의 판단기준에 비추어 볼 때 음란한 여자라기보다는 지체가 높지만 적극적이고 개방적인 분으로 인식되었을 것이다. 그렇다면 이 남자들은 수치심보다는 황송함을 더 많이 느끼지 않았을까?

춘추전국시대 전반에 걸쳐서 왕실에서의 혼외정사는 큰 금기사항이 아니었다. 이와 관련된 예는 수없이 찾아볼 수 있다. 秦(진)나라의 宣太后(선태후)는 魏(위)나라 醜夫(추부)라는 남자를 사랑하여 항상 곁에 두었다. 선태후는 나이가 들어 임종이 가까워지자 유언을 남겼다. 자신이 죽으면 추부를 순장시켜 달라는 것이었다. 시종으로부터 이 유언을 전해 들은 위추부는 자신이 생매장을 당하리라는 걱정에 잠을 못 이루었다. 이에 노신 庸芮(용예)가 태후를 찾아가 물었다.

태후 마마, 죽은 사람에게 지각이 있겠습니까? 어찌하여 사랑하던 사람을 지각이 없는 죽은 사람을 위해 함께 묻어 달라고 하십니까? 만일 죽은 사람에게 지각이 있다면 지하에 계신 마마의 부군께서는 꽤 오랫동안 마마의 불의에 대하여 노여움이 쌓이고 쌓였을 것

입니다. 설사 지각이 있다 해도 저승에서 태후마마께서는 그것을
속죄하기도 바쁘실 텐데, 저승에서 위추부에 마음을 쏟을 겨를이나
있겠습니까?

용예의 조리 있는 간언을 들은 선태후는 생각을 바꾸어 추부를 순
장하라는 유언을 취소했다. ≪전국책·진책≫ 제2권에 나오는 이 내용
을 보면 당시 선태후와 추부의 관계를 조정신하들이 모두 알고 있었을
뿐 아니라 많은 이들이 그것을 별일로 여기지 않았음을 알 수 있다.

다음으로 慶封(경봉)과 盧蒲嫳(노포별)의 경우를 살펴보기로 하자.

齊(제)나라 景公(경공)은 장공을 죽이고 왕위에 올랐다. 그는 경봉
을 좌상으로 임명했다. 盧蒲癸(노포계)와 王何(왕하)는 원래 장공의
신하였는데 그들은 장공이 변을 당하자 다른 나라로 피신했다. 노포
계에게는 동생 노포별이 있었다. 형 노포계는 떠났지만 동생 노포별
은 남아서 좌상 경봉의 가신이 되었다. 노포별은 경봉이 비록 좌상이
긴 하지만 실권이 없음을 알고 경봉이 많은 권력을 누리도록 해 주었
다. 이 일로 경봉은 노포별에게 감사하고 그를 총애하였다. 경봉은 권
력을 쥐었으나 중요한 정사는 아들 慶舍(경사)에게 맡기고 처첩들과
황음에 빠지기 시작했다. 경봉은 노포별의 집에 값비싼 재물을 들이
고 처첩들을 데려다놓고 노포별과 여자를 바꾸어 가며 즐겼고 노포
별 역시 경봉의 처첩들과 통정했다.

한편 경봉은 나라에 죄를 짓고 다른 나라로 도피한 자들이 귀국하
도록 명령을 내렸다. 노포별은 형 노포계에게 이를 알려 그를 귀국하
게 했다. 동생 노포별이 경봉의 가신이 된 것처럼 노포계는 경봉의
아들 경사의 부하가 되었다. 이렇게 신임을 얻은 그는 후에 경사의
사위까지 되었다. 그러나 노포계는 경봉의 손에 죽은 옛 주군 장공을

잊지 않고 있었다. 그는 경봉이 사냥을 가게 한 다음, 경봉의 손녀이 자 자신의 아내가 된 경강을 설득해 경씨 일족을 주살했다. 경봉은 이 소식을 전해 듣고 황급히 사냥에서 돌아와 성을 공격했다. 그러나 성이 이미 노포계에 의해 장악된 것을 보고 역부족임을 안 그는 노나 라로 도망갈 수밖에 없었다.

처첩을 바꾸어 가며 즐긴 경봉과 노포별, 이것이 요즘 사회 병리현 상으로서의 스와핑과 비슷한 일이었다는 것은 흥미롭다. 이런 일이 성문화가 자유로웠던 당시에도 보편적이었던 것은 아니다. 그래서 이 들의 행각은 당시 사람들의 입에 오르내리기도 했다. 정작 당사자들 은 전혀 개의치 않았다고 한다.

楚나라 莊王(장왕)은 신하들을 불러 모아 주연을 베풀었다. 그런데 갑자기 불이 꺼졌고 이때 어느 신하가 술김에 궁녀를 희롱한다. 불이 켜진 뒤 궁녀는 누군가 자신을 희롱하기에 그 사람의 갓끈을 끊어 갖 고 있다고 왕에게 고했다. 그러나 왕은 범인을 색출하지 않고 신하의 허물을 덮어 두기 위해 모든 신하의 갓끈을 끊게 했다. 이 이야기는 군왕의 도량을 나타내는 일화로 널리 인용되지만 당시 시대상황에 비추어 보면 그 배경을 이해할 수 있다. 우선 그 당시는 여성의 정절 을 그리 중요시하지 않았던 것을 들 수 있다. 게다가 전쟁에서 이기 면 여자는 전리품으로 얼마든지 확보할 수 있었다. 그러나 신하는 다 르다. 여러 나라들 간에 전쟁이 끊이지 않았던 당시 전쟁을 수행하려 면 한 명의 신하가 더 소중할 수도 있다. 장왕은 이런 이유에서 자신 의 여인을 희롱한 신하의 무례함에도 얼굴을 붉히지 않고 너그럽게 관용을 베풀지 않았을까?

자신의 아내를 좋아한다던 남자를 천거해 준 齊(제)나라 재상 맹상

군의 고사도 마찬가지다. 앞서 언급한 바 있지만 맹상군이 아내와 통정했을지도 모를 남자를 너그러이 대한 것은 그의 아량도 아량이겠지만 당시 사회가 오늘날만큼 정조관념이 투철하지 않았던 사실을 먼저 고려해야 할 것이다.

춘추시대 초장왕 못지않게 흥미로운 군주로 楚靈王(초영왕)이 있다. 장왕의 손자였던 그는 야심과 명예욕이 대단했다. 바로 진시황의 아방궁에 버금갈 章華宮(장화궁)을 축조하여 여러 제후국의 자랑거리로 삼고 후세에 길이 위세를 떨치고자 했다. 장화궁은 원래 다른 제후국의 망명객들을 수용하는 별궁이었다. 장화궁의 정확한 축조 연대는 불확실하나 《左傳(좌전)》에 이에 대한 일화가 나오는 걸로 미루어 B.C 535년 전후에 완공된 것으로 보인다. 영왕은 여기에 허리가 가는 미녀들을 거주하게 하고 환락을 즐겼다. 그래서 장화궁은 細腰宮(세요궁)이라고 불렸다. 궁녀들은 영왕에게 잘 보이기 위해 아주 조금만 먹거나 아예 끼니를 거르기도 했다. 그러자니 허리가 가늘어지기도 전에 굶어 죽는 여자까지 생겨났다. 이런 일은 궁중에서뿐만 아니라 백성들 사이에도 유행처럼 번져 허리가 굵으면 큰일이나 난 것처럼 모두 다 이어트를 했다. 문무백관들도 왕에게 잘 보이기 위해 허리띠를 잔뜩 졸라맨 다음 관복을 입는 웃지 못 할 일이 벌어졌다고 한다. 그는 또 높이가 300자나 되는 三休臺(삼휴대)를 세웠다. '삼휴대'란 너무 높아서 세 번 정도 쉬어야 올라갈 수 있다는 뜻인데 그곳도 미인으로 가득 채워졌다. 장화궁의 소문을 들은 晉(진)나라 平公(평공)도 대규모 공사에 백성들을 동원해 이와 비슷한 虒祁宮(사기궁)을 지었다고 한다.

춘추전국의 혼란한 세상을 통일한 秦代(진대)에는 결혼과 가정에 관한 간단한 규정이 만들어졌다. 그러나 남성 중심적 부권사회는 많은 여성들을 비참한 상황으로 몰고 갔다. 이렇게 일부일처제가 정착되지 않고 여성이 재산쯤으로 여겨지던 당시 자신의 출세를 위해 가족을 죽인 이야기도 있다. 전국시대 초기 魏文侯(위문후)에게는 吳起(오기)와 樂羊(악양)이라는 두 장수가 있었다. 오기는 위나라 출신이지만 노나라에서 병법을 배웠다. 노나라에 온 제나라의 사신이 우연히 그의 인물 됨을 보고 제나라 여자를 소개해 주어 부인으로 맞아들였다. 이후 제나라와 노나라 사이에 전쟁이 벌어졌다. 오기는 노나라에서 대장군으로 추천받았으나 노나라 군왕은 오기의 부인이 제나라 여자이기 때문에 대장군으로 임명하기를 꺼렸다. 이 소식을 전해 들은 오기는 집에 가서 부인의 목을 쳐서 노나라 왕에게 가져오는 끔찍한 일을 저질렀다. 이렇게 자신의 충정을 증명해 보인 오기는 대장군에 임명되었고 전쟁에서 공을 세우게 된다. 여기서 생겨난 고사성어가 殺妻求將(살처구장) 즉, 아내를 죽여 장수가 되기를 구한다는 말이다. 이것은 자신의 출세를 위해서 못 할 짓이 없는 남자를 비유하는 말이다. 오기는 이렇게 대장군에 올랐지만 노나라에서 계속 승승장구한 것은 아니다. 전공은 세웠으나 아내를 죽인 잔인한 품성을 본 노나라 왕은 오기를 정승에 임명하기를 꺼렸다. 그러자 그는 노나라를 등지고 고향 위나라로 가서 위문후 밑에 들어가 전공을 세웠다.

위문후 수하의 또 다른 장수 악양은 보잘것없는 평민 출신이었다. 그의 아내는 좋은 가문의 여인으로 남편을 출세시키기 위해 남편이 스승을 찾아 학문에 정진하라고 이웃나라로 보냈다. 악양은 이웃나라에서 7년간 공부를 하고 돌아왔고, 위나라 翟黃(적황)의 추천으로 영수군이라는 대장군의 자리에까지 올랐다. 그러나 그는 자신의 영욕을 위해 자식까지 죽인 혹독하고 비정한 아버지였을 뿐이다. 그에게는

樂舒(악서)라는 아들이 있었는데 북쪽의 소국 中山國(중산국)에서 벼슬을 하고 있었다. 그런데 위나라가 중산국을 치게 되었고 악양이 진두지휘를 해야 했다. 중산국과의 전쟁에서 아들 악서와 마주친 악양은 아들의 목을 베어 전투를 승리로 이끌었다.

이상과 같이 춘추전국시대, 진대의 성과 사랑에 대해 알아보았다. 예교가 완비되기 전 사회에 나타나는 이런 자유분방함을 우리는 어떻게 이해해야 할까? 사실 고대 중국에서만 성문화가 자유분방했던 것이 아니라 고대 그리스나 로마의 전성기에도 음란한 풍속이 많았다. 일반인들은 인류가 원래 순결한 성도덕을 갖추고 있다가 이후 타락해서 이런 현상이 일어났을 거라고 생각하지만 모건(Lewis Morgan: 1818~1881)의 해석은 다르다. 옛날 사람들에게는 남녀관계의 음란함을 제지할 만한 도덕기준이 없었다는 것이다. 세상의 성 풍속이 타락한다고 해도 당시에는 이를 개탄할 이유조차 없었다는 것이다. 중국의 경우에도 춘추전국시대 황음의 여러 실례들은 당시 성규범이 명확하지 않았음을 잘 보여 준다. 물론 지나친 황음무도함에 대하여 주위에서 간언을 하기도 했지만 당시 상황을 살펴보면 이를 제지할 만한 효과적인 조치조차 없었다. 후대로 가면서 일부다처다첩제로 인해 남자들은 아내를 많이 두기도 했지만 실제로 자유연애를 해서 아내를 취하는 경우는 많지 않았다. 즉 사랑하는 사람은 한두 사람 이상일 수 없는 것이 현실인데 돈과 권력을 가진 남자가 아니라면 자유연애로 결혼할 수 있는 현실은 아니었던 것이다. 후세의 제왕들은 무제한적으로 여러 처첩들과 욕망을 추구할 수 있었지만 서로 사랑해서 이루어진 사사로운 통정은 드물었다. 제왕의 권세는 춘추전국시대의 제후나 고관을 훨씬 뛰어넘었기 때문에 이들은 사관의 질책을 피하기만 하면 되었으므로 아내를 무제한으로 둘 수 있었다. 이 점은 춘추전국시기의 상황과는 달라진 점이다.

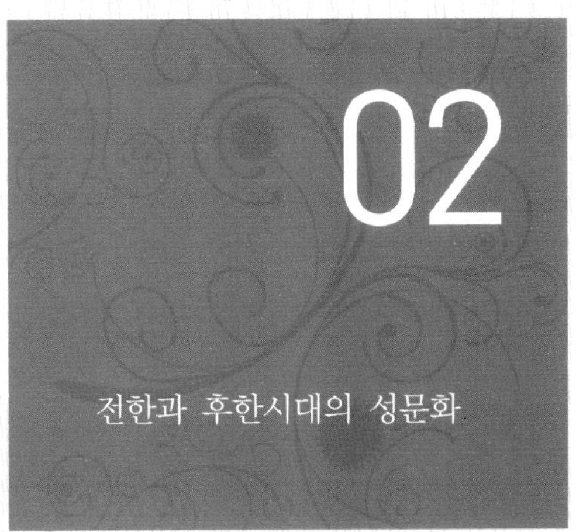

02

전한과 후한시대의 성문화

1. 예교의 완비

2. 양한의 여인들

02 | 전한과 후한시대의 성문화

1. 예교의 완비

秦(진)이 망하고 들어선 漢(한)왕조는 광활한 중국대륙을 통치하기 위해서 강력한 체제 이데올로기를 필요로 했다. 진이 채택한 법가사상의 한계를 절감한 한왕조는 요순시대를 이상으로 삼아 유가사상을 채택하였다. 한나라 통치자들은 공자가 이상적으로 생각했던 요순시대를 목표로 제국의 기틀을 잡으려고 노력했다. 한왕조가 이렇게 유교를 표방하자 진시황의 분서갱유 이후 세상을 등지고 살던 많은 유학자들이 조정으로 몰려들었다. 바야흐로 역사상 秦皇漢武(진황한무:

진나라의 시황제, 한나라의 무제)로 칭송되는 한제국의 치세가 시작된 것이다. 이들은 진시황의 명령에 따라 불태워지고 흩어졌던 先秦(선진)시대의 많은 유가전적들을 다시 모아서 정리를 했다. 학자들의 경서해석은 주로 자구해석이었기 때문에 대량의 주석과 훈고방면의 책이 쏟아져 나오게 되었는데 이것들이 유교경전이 되었다. 이에 따라 兩漢(양한: 전한과 후한)시대 경학이 탄생되게 된다. 이들은 또 통치 차원에서 남녀유별을 통해서 성 풍속이 문란해지는 것을 방지하고자 했다. 성 풍속은 한 나라의 도덕기준을 평가하는 기준이 된다. 성도덕이 문란하면 온갖 사회혼란이 다 야기되고 사회질서를 유지하기 어렵게 되기 때문이다. 제4장에서 자세히 알아본 ≪예기≫, <내칙>의 기록들은 이전의 춘추전국시대 음풍의 폐단을 염두에 두고 만들어진 것이다. 우리가 익히 들어서 알고 있는 남녀칠세부동석, 일부종사, 삼종지도, 삼강오륜 등의 예교가 바로 그것이다.

한대 남녀예교에 대한 저술로는 ≪前漢書(전한서)≫의 저자인 班固(반고)의 여동생 班昭(반소: AD 48~117)가 지은 ≪女誡(여계)≫가 있다. 반소는 사마천의 ≪사기≫와 더불어 불후의 명작인 ≪한서≫를 班彪(반표), 班固(반고), 馬續(마속) 등과 함께 완성시켰다. 이를 볼 때 반소는 중국 최초의 여류 사학자라 할 수 있다. 반소는 조씨가문에 출가한 지 40여 년이 되어 말년에 병으로 위독할 때 딸들을 위해서 ≪여계≫를 저술했다. 딸들에게 각각 1통씩 써 주었는데 여자가 출생하고 자라서 출가하여 시부모를 섬기고 남편을 섬기고 시가와의 화목을 위해 해야 할 일체의 몸가짐 등을 서술하고 있다. 내용은 卑弱(비약), 夫婦(부부), 敬順(경순), 婦行(부행), 專心(전심), 曲從(곡종), 和叔(화숙) 등 7장으로 이루어져 있다. ≪여계≫는 유교전적 가운데 가장 남성 중심적 견해로

가득 찬 책 중 하나로 꼽힌다. ≪여계≫는 여아를 위한 가정교육의 중요한 교재로 오랫동안 사용되어 왔는데 劉向(유향)의 ≪列女傳(열녀전)≫과 함께 남존여비사상을 더욱 심화시켰다.

≪여계≫를 살펴보는 것은 조선시대의 성문화를 이해하는 데도 도움이 된다. 중국에서 들어온 유교의 영향을 받은 조선시대에는 가부장제도 아래에서 가계계승과 조상숭배와 남성호주제도 등으로 남녀차별과 남존여비사상이 팽배해 있었다. ≪여계≫는 조선시대에 사대부들 사이에서 여자의 품성은 이러이러해야 한다는 전범이 되었다. ≪여계≫에서도 ≪예기≫, <내칙>과 마찬가지로 부부관계에 있어서 '지아비가 아내보다 높다'(夫高於妻)고 했는데 여기에는 정통 유학자들의 여성관이 가장 잘 표현되어 있다. 이 말은 부인은 모름지기 남편을 존중하고 떠받들어야 한다는 뜻으로 교육되었다. 여기서 夫者妻之天也(남편은 부인의 하늘같은 존재), 女必從夫(여필종부), 夫唱婦隨(부창부수)라는 말이 나왔고 이런 말은 지금도 공공연히 쓰이고 있는 형편이다.

양한시대 유학자들은 공맹사상을 왜곡시켜 성문제에 있어서 지나치게 엄격한 해석을 내렸다. 먼저 여성의 바깥출입을 통제하고 학문 배우는 것을 금지했다. 여성의 의무가 남편과 시부모를 받들고 건강한 자손을 생산해 돌보는 것이라고 보았기 때문에 여자에게 학문은 불필요했던 것이다. 그래서 여자들은 정식으로 읽고 쓰는 것을 배우지 못했다. 심지어 지배층의 딸들도 베 짜기라든지 양잠 같은 여성의 기예만을 배웠을 뿐이다. 물론 스스로의 노력으로 읽고 쓸 수 있는 여성도 있었으나 대부분의 여성들은 문맹이었다. 다만 상류층 남성들을 접대하기 위한 직업교육으로 문자를 습득한 기생집단만 예외였다.

그런데 여성에게 교육을 제한한 데에는 더 깊은 의도가 있었다. 그것은 학문이 사람의 사유영역을 넓혀서 세상의 이치를 깨닫게 하기 때문이다. 학문은 사람을 지혜롭게 만들어서 삶의 철학을 갖게 하고 사회비판능력을 고양시킨다. 여성이 학문을 배워 머리를 깨치고 지혜롭게 된다면 가부장사회의 옳고 그름을 비판하는 것은 물론 남성과 어깨를 나란히 해서 여성의 권리를 주장하고 나설 것이기 때문이다. 이런 일을 원천 봉쇄하는 방법으로 유학자들은 여성의 교육을 금지시킨 것이다. 이것은 애초부터 남녀의 역할을 구분하고 도덕적으로 차별한 유가에서는 아주 당연한 조치였다. 결과적으로 여성은 가정이라는 울타리 안에서 벗어날 수 없게 되었다. 이것은 우리나라 조선에서도 크게 다르지 않은 상황이었다.

특이하게도 중국에서는 여성의 외출을 막기 위한 방책으로 여자의 발을 동여매 자라지 못하게 하는 전족이라는 풍습이 있었다. 어릴 때부터 발을 꽁꽁 동여매어서 10㎝도 안 되게 기형적으로 만들면 뒤뚱거리는 걸음으로 빨리 뛸 수가 없게 된다. 특이하게도 중국남자들은 이런 여성의 작은 발에 무한한 성적 매력을 느꼈다고 한다. 그런데 여성에게 교육을 시킨 뒤 발을 기형으로 만들어서 가정에 가두어 놓았다면 그보다 더한 학대는 없을 것이다. 전족이 불합리한 것을 알면서도 방 안에 갇혀 있을 여자는 없을 테니 말이다. 현명한 유학자들은 여성에게 학문을 금지시켜서 사회비판능력을 없애 버렸으니 여기서 우리는 중국남성들의 가부장적인 의도를 엿보게 된다. 무지한 중국 여성들은 전족을 하고 가정에 갇혀 있는 것을 당연한 일로 알고 수천 년 동안 갇혀 지내며 남성의 노리개로 지냈던 것이다.

그렇게 본다면 한대의 유교는 지배층 남성에게 굉장히 유리하게 맞추어졌다. 지배층에서 가일층 유교를 강요하더니 가부장권이 강화되는 등 모든 면에서 지배층의 구미에 맞는 작업이 이루어졌다. 전한의 제7대 武帝(무제) 때 와서는 마침내 제자백가를 축출하고 유학만 숭상하는 문화 전제주의 정책을 시행하게 된다. 유학만 숭상하게 하고 제자백가를 축출한 것은 진시황의 분서갱유를 연상케 하는 독재를 저지른 일이었다. 유교의 예교는 너무도 엄격해서 남성들 또한 실제 생활에서 그대로 실천하기에는 어려움이 있었다. 문제는 백성들에게 모범을 보여야 할 지배층 남자들은 예교를 지키지 못하면서 여성에게만 가정이라는 울타리 안에 있도록 강요한 것이다. 남녀 간의 자연스러운 인욕의 표출을 억압하는 이런 상황에서 여러 비극이 벌어진 것은 당연한 일이었다.

중국에는 악부라는 시문학 장르가 있다. 한대의 악부 중 최고의 작품으로 불리는 <孔雀東南飛(공작동남비)>는 바로 금슬 좋은 부부가 가정 안에서 봉건예교의 억압을 받아 비극적인 최후를 맞는 내용으로 되어 있다. 그 대강은 다음과 같다. 한말 建安(건안)시기 盧江(노강)의 말단 관리인 焦仲卿(초중경)과 그의 처 劉蘭芝(유난지)는 금슬이 좋았다. 그러나 시어머니가 며느리 유난지를 미워하여 초중경에게 재혼을 강요했다. 유난지가 친정으로 쫓겨 돌아오니 친정에서는 그녀에게 다른 남자에게 재가할 것을 강요했다. 이에 그녀는 강물에 몸을 던져 죽는 것 말고는 달리 할 일이 없었다. 이 악부는 천 년이 넘게 감동적인 이야기로 읊어졌는데 당시 시대적 분위기에 미루어 이와 비슷한 일이 실제 있었음을 짐작할 수 있다.

그런데 유학자들이 주창한 남녀유별의 엄격한 규칙들이 개개인의 일상생활까지 속박한 것은 아니었다. 앞서 설명한 것처럼 한무제는 양성애자였다. 그는 수많은 후궁들과 관계를 가지면서도 남총들과 동성연애를 즐겼다. 그의 동성연애 상대자로는 漢嫣(한언), 李延年(이연년), 龍陽君(용양군) 등이 있었다. 제자백가를 축출하고 유학을 받들게 했던 한무제 자신은 개인적으로 왜곡된 방중술에 깊이 심취해 있었다. 한무제는 도가의 불로장생을 추구하는 데 크게 열중해서 자칭 신선이라는 선인들을 궁궐로 불러들여 방중술에 대해 묻고 배웠다. 방중술의 경전에 한무제의 이름이 자주 거론되는 것만 보아도 한무제가 도교의 방중술에 얼마나 심취해 있었는지를 알 수 있다. 주지하듯이 성관계를 통해서 남녀가 생명력을 강화시킬 수 있다는 생각이 도교의 방중술을 탄생시켰다. 한무제는 성행위가 남성집단, 곧 군대의 사기양양을 위해 도움이 된다고 믿었다. 그래서 여성들로 구성된 조직을 만들었는데 그것이 바로 營妓(영기)다. '군영의 기생'으로 해석될 수 있는 영기는 일제 강점기 일본이 운영한 종군위안부 제도와 비슷한 측면이 있다. 그러나 방중술에 대한 왜곡된 추종은 후한 말엽 '황건적의 난'이라는 집단적 신비주의의 종교반란으로 이어지는 원인이 되었다. 이 반란은 후한왕조의 멸망을 재촉하게 된다.

방중술과 관련하여 양한시대에는 유교와 도교사상이 적절히 조화되었는데 도교의 삽화가 있는 성교본이 유통된 것도 그런 예이다. ≪容成陰道(용성음도)≫, ≪務成子陰道(무성자음도)≫, ≪堯舜陰道(요순음도)≫ 등인데 이들은 실생활에서 고대 중국인들의 성생활 지침서로 활용이 되었다. 침실에서만 수용한다는 단서를 달기는 했지만 유가에서도 도교의 이런 성교본이 제시하는 원리들을 인정하고 수용하였다. 양한시대 유학자들은 방중술의 원리를 폭넓게 받아들였는데, 章帝(장제) 4년(A.D 79년)에는 한나라 수도 白虎觀(백호관)에서 황제가 직접 주재한 전국적인 경학토론회가 개최되었다. 회의기록은 반고라는 사람이 문

답식으로 정리하고 편집해서 책으로 만들었는데 이것이 ≪白虎通義
(백호통의)≫다. 내용은 역시 성문제를 다방면에 걸쳐서 다룬 것이다.
유교가 여성에게 가혹한 족쇄를 채운 것은 사실이지만 ≪백호통의≫
에서는 다음과 같이 여성의 성욕을 인정하는 점이 주목할 만하다.

> "남자가 60세가 되면 교접을 그만둬야 한다고 하는데 어째서인가?
> 그것은 이때 육체가 점점 쇠약해지기 때문에 몸을 보호해야 하기
> 때문이다. ≪예기≫에서 말하기를, '첩의 나이가 50세를 넘지 않았
> 으면 지아비는 닷새에 한 번씩 첩과 관계를 가져야 한다'고 하는데
> 어째서인가? 지아비는 쇠락해지는 첩의 육체를 보양해야 하기 때문
> 이다. 남자의 나이 70세가 넘으면 매우 무기력한 상태가 된다. 그는
> 오직 고기로만 자신의 공백을 채울 수 있고, 혼자 잠자리에 들면 결
> 코 자신의 몸을 따뜻하게 할 수 없기 때문이다. 그러므로 이 나이가
> 되면 남자는 다시 성생활을 시작한다."(≪백호통의≫, <가취>)

그러나 이 또한 가부장이 일부다처제 가정에서 처첩 간의 갈등 속
에서 질서를 유지해야 하는 맥락에서 쓰인 것임을 잊어서는 안 된다.
이렇게 한대에는 예교가 완비되지만 예를 범하는 일이 여전히 적지
않았다. 그것은 당시의 도덕률이 음란한 풍습을 뿌리 뽑을 만큼 엄격
하지 않았고 사람들 사이에 널리 보급되지 않았던 데 기인한다. 예를
들면 ≪漢書(한서)≫, <地理志(지리지)>에는 북경 淸河(청하) 일대의
풍속을 다음과 같이 기록하고 있다.

> "손님을 모심에 있어 부인으로 하여금 동침케 한다. … 오히려 그
> 것을 영광으로 여긴다."

손님이 오면 자신의 부인과 동침하게 하는 풍속이다. 에스키모 사
회에서는 마을에 손님이 찾아오면 자신의 부인으로 하여금 손님을

모시게 하는 풍속이 있다는데 마치 그것을 연상케 한다. 군혼잡교의 습속은 다음 기록에도 남아 있다. ≪後漢書(후한서)≫, <鮮卑傳(선비전)>에는 '이 봄에 큰 축제가 있는데 물에 가서 씻고 나서 연회가 끝난 뒤에는 배필을 정한다'고 기록되어 있다. 이런 풍속은 후세로 이어져 오늘날도 중국의 소수민족 가운데 축제일에 노래를 부르고 춤을 추며 놀다가 짝을 지어 관계를 맺는 경우가 있다. 그러면 四川 成都(사천 성도)에서 출토된 한대 벽돌(畵像石, 화상석)의 그림을 보자.

뽕나무 가지에 걸린 것은 두 남녀가 벗은 옷이고, 관계를 가지는 남녀의 곁에는 시종이 거들고 있다. 또 옆에는 발기된 성기를 가진 또 다른 남자가 야합이 끝나기를 기다리고 있다. 오늘날 우리의 시각으로는 있을 수 없는 난교의 풍습이지만 이에 대해 옳으냐, 그르냐의 도덕적 평가를 할 수는 없다. 서로 다른 시대, 다른 사람들에게 도덕의 기준은 엄연히 다르기 때문이다.

2. 양한의 여인들

한대 통치계급 남성들이 여색에 빠져 방탕한 생활을 했다는 기록을 찾기란 어렵지 않다. ≪漢書(한서)≫, <元皇后傳(원황후전)>에는 다음과 같은 기록이 있다.

> "제후인 동생 다섯이 앞 다투어 사치를 했다. …뒤뜰에는 첩이 각기 수십 명, 어린 노복이 수천수백 명이었으며 종과 磬(경)을 늘어놓고 鄭(정)지방 여자가 춤을 추고 배우노릇을 하는 등 사방팔방으로 노리갯감을 찾아 헤맸다."

또 한대 鐘長統(종장통)의 ≪昌言(창언)≫, <理亂篇(이난편)>에도 비슷한 기록이 있다.

> "예쁘장한 어린 노비와 아름다운 첩이 비단이 둘러쳐진 방에 가득 있고 노래하는 여배우와 연주하는 기녀들은 깊은 당에 늘어서 있다."

그렇다면 양한시대에는 어떤 여인들의 이야기가 유명할까?

우선 중국 역사에서 대표적 미인으로 꼽히는 前漢(전한: B.C 202년) 成帝(성제) 때의 飛燕(비연: 물 찬 제비)을 예로 들 수 있다. 비연이란 여인은 허리가 가냘픈데다 워낙 발이 작아 마치 손바닥에서 춤을 추는 것 같았다고 전해진다. 六朝時代(육조시대)에 쓰인 ≪飛燕外傳(비연외전)≫에 의하면, 성제가 만년에 정력이 감퇴되어 기력이 쇠할 때 비연의 전족한 발을 보고 갑자기 기력이 솟구쳐 젊은이 못지않은 용력이 차올랐다고 한다. 그녀는 수많은 남자와 관계를 맺었는데 그것은 자신의 성적 욕구를 과감히 드러내고 즐긴 것이기도 했다. ≪西京

雜記(서경잡기)≫ 권2에는 그녀가 날마다 10여 차례씩 쉴 틈 없이 관계를 가졌고 피로한 남자가 있으면 계속 교대했다는 기록이 있다. 비연이 이렇게 한 것은 성욕해소 때문이기도 하겠지만 황후로서 후손을 가지기 위한 목적이 있었을 것이다. 왜냐하면 황후가 된 뒤에도 비연에게는 자식이 없었기 때문이다.

또 다른 여인으로 서한의 제1대 황제 劉邦(유방)의 정실인 呂雉(여치)와 첩 戚姬(척희)가 있다. 중국을 최초로 통일한 황제는 진나라 시황제였지만, 실질적으로 중화문명의 기틀을 세운 것은 한고조 유방이었다. 그런데 여치는 중국 역사에서 단순한 황제의 부인이 아니라, 어린 황제의 뒤에서 수렴청정을 한 권력자였다. 원래 유방은 농민출신으로 민병대 대장 정도의 직책을 맡고 있었는데 여치는 귀족출신이었을 것으로 추측된다. 관상을 볼 줄 알았던 여치의 아버지는 유방의 관상을 보고 크게 될 것을 감지하고 농민출신이지만 딸을 선뜻 내주었다. 여치는 가난한 농민에게 시집와서 고달픈 농사일을 했지만 아버지가 내다본 남편의 미래를 믿고 살았다. 이후 유방은 하급관리로 임명되었다. 그러다가 잘못을 저질러 도피하게 되었는데 여치가 남편을 숨겨 주었다. 관원들이 왔지만 남편의 행방은 찾지 못하고 여치를 붙잡아 갔다. 그녀는 모진 학대와 협박에도 끝까지 남편의 행방을 말하지 않았다. 다행히 유방과 평소 친분이 있던 사람의 도움으로 풀려나왔다. 이렇게 여치는 남편에게 충절을 보였지만 그녀가 남편에게 씻을 수 없는 배신감을 느끼게 된 것은 다음 계기에서였다.

유방은 B.C 205년 초나라 항우와 일전을 벌였지만 패배하여 퇴각하게 되었다. 유방은 퇴각하면서 자신이 탄 수레를 가볍게 하기 위해 두 자녀를 몇 번이고 내다 버리려고 했다. 그때 유방의 경호무장 夏侯嬰

(하후영)이 나서서 두 자녀를 구해 주었다. 그러나 훗날 여치는 이 사실을 알게 되었고 남편인 유방에 대해 용서할 수 없는 배신감을 느끼게 된 것이다. 이후 유방은 B.C 202년, 한나라를 세우고 고조가 되었다. 여치의 아버지가 보았던 큰 인물이 되리라는 유방의 관상이 틀리지 않았던 셈이다. 그러나 황제가 된 이후에 유방은 곳곳에서 일어난 반란을 진압하는 데 대부분의 세월을 보내야 했다. B.C 198년 유방은 친딸 노원공주를 흉노의 왕 冒頓(모돈)에게 시집보내 흉노국을 부마국으로 삼으려 했다. 여태후(여치)가 울고불고 애원하여 딸이 흉노국에 시집가는 것은 막았지만 남편에 대한 여치의 실망감은 더욱 깊어 갔다.

B.C 197년 鋸鹿(거록)의 태수 陳狶(진희)가 반란을 일으켰다. 한고조(유방)는 이를 진압하기 위해 전장에 나섰고 도성을 비우게 되었다. 그 사이, 한나라 건국의 1등 공신 한신이 초왕에서 회음후로 격하된 것에 불만을 품고 내란을 획책했다. 한신은 옛날에 趙(조), 魏(위), 燕(연), 齊

呂雉(여치)

(제)를 차례로 굴복시키고 초왕 항우의 군대를 격파한 바 있다. 여 태후는 원래 정치에 큰 관심이 없었지만 한고조가 없는 와중에 반란세력으로부터 자식을 보호하기 위해서 정치에 관여하기 시작했다. 여 태후는 진희가 토벌되었다는 거짓소식을 한신에게 전한 후, 축하잔치에 한신을 참여하게 했다. 그 자리에서 한신을 체포한 그녀는 바로 한신을 참수시켰고 피 한 방울 흘리지 않고 반란을 진압할 수 있었다.

그러는 동안 고조는 진희의 반란군을 토벌하고 도성으로 돌아왔다. 고조는 최대의 건국공신이자 정적이었던 한신의 반란을 쉽게 진압한데 대해 놀랐지만 또 한편 여 태후에 대해 의외로 견제하는 마음이 생겼다. 여 태후는 한신뿐 아니라 반란을 획책하다 항복하여 연금상태에 있던 彭越(팽월)과 그 일족까지 몰살했다. 여 태후는 팽월의 시신을 소금에 절여 黥布(경포)에게 보냈다. 경포는 팽월의 끔찍한 시신을 보고 경악했다. 자신도 이렇게 만들겠다는 엄포로 보고 지레 군대를 일으켰으나 그 또한 죽음을 당하게 되었다. 여 태후의 주도로 경포의 반란을 진압하는 과정에서 고조는 빗나간 화살을 맞았고 건강이 악화되었다. 53세의 적지 않은 나이에 몸져누운 고조는 자신의 사후를 걱정했다. 잔혹함으로 악명 높은 젊은 여 태후가 자신이 죽은후 외척세력과 함께 권력을 독점하리라는 생각이 들었다. 여치에 대한 견제심이 높아 가던 고조는 애첩 척희가 아들을 낳자 그에게 마음을 쏟았다. 그러면 고조는 어떻게 척희를 만나게 되었을까?

한고조 유방은 항우와 일전을 벌이러 산동성으로 진격해 들어갔을 때 그녀를 처음 만났다. 역사서에 척희 또는 척 부인이라 부르는 그녀는 평민출신으로 山東 定陶縣(산동 정도현) 태생이다. 이곳은 음양오행으로 水土(수토)가 좋아서 성인을 비롯해 미녀가 많기로 유명한

고장이었다. 그러나 그녀는 평민인 탓에 족보가 없었다. 그녀는 춤과 노래에 뛰어났는데 특히 소매를 들어 올리고 허리를 꺾어 추는 춤이 특출했다. 한대에 출토된 화상석으로 볼 때 이런 자태의 춤은 상당한 기교가 필요하고 복잡했을 것으로 보인다. 척희는 또 북과 거문고에도 뛰어나 연주하는 소리를 들은 유방은 자기도 모르게 노래를 불렀다고 한다. 그녀는 피비린내 나는 전투가 있는 곳마다 그림자처럼 유방을 쫓으며 외로움을 달래 주었다. 그러다 유방의 아이를 임신하여 낳게 되었다.

유방은 아들에게 劉如意(유여의)라고 이름을 지어 주고 조왕에 봉했다. '여의'란 용이 물고 있는 여의주를 의미하는 것으로 장차 황제의 자리에 오르기를 바라는 뜻이 담겨 있다. 이렇게 아들이 황제의 기대를 한 몸에 받게 되자 그녀는 나이 든 남편에게 하소연했다. 늙은 황제가 갑자기 세상을 떠나기라도 하면 자기와 아들이 믿고 의지할 데가 없다는 것이다. 그녀가 이런 걱정을 한 것은 역시 유방의 정실인 여치 때문이었다. 고조는 조왕을 태자로 바꿔 달라는 척희의 염원을 들어주려 했다. 그러나 이미 내정 깊은 곳까지 장악한 여치의 세력과 조정대신들의 반대로 이루지 못했다. 척희는 조왕이 태자가 될 수 없음을 알았다. 고조는 척 부인으로 하여금 춤을 추게 하고 자신은 鴻鵠歌(홍곡가)를 불렀다. 척희는 절망의 눈물을 흘렸다.

고니새 높이 날아 한 번에 천 리를 가는도다.
날갯짓을 이미 하여 사해를 쏜살같이 나는구나.
사해를 쏜살같이 나니 어찌하리오.
비록 화살이 있다 해도 어찌 쏠 수 있으리오.

　　결국 고조는 척희에게 "앞으로 여 태후가 당신의 주인이오."라는 말을 남기고 B.C 195년 세상을 떠났다. 목숨이라도 건지기 위해서는 여 태후를 주인으로 섬기고 살라는 뜻이었다.

　　여치는 원래 1남 1녀를 생산했다. 아들로는 劉盈(유영)이 있었고 큰딸 魯元公主(노원공주)는 나이 열다섯에 張敖(장오)라는 사람에게 시집을 갔다. 유방이 죽고 나서 여치의 아들 유영이 보위에 올라 孝惠帝(효혜제)가 되자 그녀는 태후의 자리에 올랐다. 병약했던 효혜제는 보위에 오른 뒤 모든 실권을 어머니 여 태후에게 일임했다. 17세의 나이로 황제가 된 유영은 나이 스물하나가 되도록 혼처를 정하지 못했다. 그것은 그의 어머니 여 태후의 권력욕 때문이었는데 이와 관련해서는 다음과 같은 사연이 있었다.

경극 ≪魚藻宮(어조궁)≫의 척희

여 태후가 있는 태후궁에 審食其(심식기)라는 양물이 큰 사내가 출입했다. 이 소문을 들은 유영은 못마땅하게 여긴 나머지 심식기를 황궁 속 특별감옥에 가두었다. 심식기는 감옥에 갇히기 전 여 태후를 만나 외부인을 며느리로 들이면 외척세력이 커져 나중에 불행한 일을 당하게 될 거라고 했다. 따라서 세력기반을 다지기 위해서는 큰딸 노원공주가 낳은 張嫣(장언), 즉 여 태후의 손녀를 며느리로 맞이하라고 했다. 여 태후는 심식기의 말대로 하려고 했다. 당시 나이 열여섯이던 장언은 미모가 빼어났지만 손녀를 며느리로 삼는 데 대해 반대하는 주장이 있었다. 그러나 여 태후는 아들의 혼인을 서두르더니 큰딸 노원공주의 딸인 장언을 며느리로 삼는다고 일방적으로 공표했다. 이렇게 되자 유영은 친누이의 딸을 아내로 맞아들이게 된다. 그녀가 바로 효혜황후이다. 이렇게 되자 장언의 어머니인 노원공주는 누나면서 장모가 되기도 했다. 여 태후는 아들 효혜제의 움직임을 속속들이 파악하기 위해서 아들의 신방을 자기 거처인 장락궁에서 2㎞ 남짓 떨어진 미앙궁으로 정했다. 자신은 장락궁에서 정부인 심식기와 마음 놓고 즐겼지만 유영은 한 번도 효혜황후의 처소를 찾지 않았다고 한다.

이렇게 조정의 모든 일에 여 태후의 입김이 작용하게 되면서 척희의 운명도 바뀌고 말았다. 여 태후는 자신과 아들의 자리를 위협한 척희에 대해 복수를 하게 된다. 그녀는 우선 척 부인을 永巷(영항)에 유폐시켰다. 영항이란 원래 후궁들이 거처하던 후궁전이다. 후궁전에는 여러 개의 방이 있는데 지하에는 후궁을 유폐시켜 문초하고 또 치죄하는 용도로 쓰이는 방이 있었다. 여 태후는 척 부인의 머리를 빡빡 깎고 쇠사슬로 목을 묶고 붉은 죄수복을 입힌 뒤 하루 종일 절구질을 하는 노역을 시켰다. 하지만 여 태후와 달리 심성이 착했던 아들 효혜제는 조왕 여의와 사이좋게 지내며 그를 구해 주려 애썼다. 그러나 여태후는 효혜제가 사냥을 하러 간 사이, 조왕을 독살시켜 버렸다. 조왕뿐 아니라 淮陽王友(회양왕 우), 梁王快(양왕 쾌), 燕王建(연왕 건) 등 한고조와 후궁 사이에서 낳은 아들들은 차례로 암살되었다.

또한 여 태후는 영항에서 절구질하고 있던 척희의 양손과 양발을 자르고 두 눈을 도려냈다. 연기를 쐬어 귀를 멀게 하고 벙어리가 되는 약을 먹여 말을 못 하게 한 뒤 변소 안에 넣어 인간돼지라 부르게 했다. 그야말로 산송장이나 다름없었지만 먹이를 줘서 계속 죽지 않고 살아 있게 만들었다. 한때 황제의 사랑을 독차지했던 여자가 인간돼지가 되어 꿀꿀거리고 있으니 얼마나 참혹한 모습이었겠는가? 게다가 이 잔혹한 모습을 친아들 효혜제가 보도록 하였다. 원래 심성이 온순했던 효혜제는 목과 몸만 남긴 돼지가 조왕의 어머니 척희라는 사실을 알고 경악했다. 효혜제는 인간돼지로 변한 척희의 모습을 본 충격 때문인지, 제위 7년 23세의 젊은 나이로 세상을 떠나고 말았다.

이때 여 태후의 손녀이자 며느리인 효혜황후 장언은 겨우 스물 안쪽이었다. 14년 뒤 장언은 미앙궁 북쪽에 있는 별궁에 유폐되었고, 먹고 마시는 것만 제공될 뿐 일절 자유를 박탈당했다. 그러던 장언은 어느 날 사인불명의 시체로 발견되었다. 훗날 장언의 무덤은 유영과 합장되었으나 비석 하나 세워지지 않았다. 효혜제가 죽고 나서 보위가 비었지만 그는 장언의 처소를 찾지 않았기에 둘 사이에는 자식이 없었다. 때마침 여 태후는 자기 집안에 있던 여인 한 명이 아들을 출산하자 계책을 꾸몄다. 그 여인을 죽이고 아이를 효혜제의 정실부인이 낳은 것으로 만든 것이다. ≪사기≫에는 이렇게 보위에 오른 아이에 대해 少帝(소제)라고만 나와 있다. 소제는 좀 자라자 억울하게 사사당한 생모의 소식을 접하게 되었다. 그는 반드시 억울한 어머니의 원수를 갚겠다고 다짐하는 말을 했다. 그러나 아이가 한 말조차 여 태후의 귀에 들어갔다. 그 뒤 어린 소제는 척희가 감금되었던 영항에 유폐되었는데 얼마 후 원인 모를 죽음을 당하고 말았다. 소제가 이렇게 죽자 여 태후는 효혜제의 후궁이 낳은 아들 劉弘(유홍)을 황위에 옹립시켰다. 이렇게 여 태후는 수렴청정을 하며 절대권력을 휘둘렀다. 비록 유홍이 3대 황제였지만 모든 권력과 요직은 여 태후와 심식기 등 여씨의 세력에 의해 철저하게 좌지우지되었다. 그러나 권불십년이라던가? 여 태후가 죽자 그녀를 따르는 무리들도 죽음을 맞았다. 역사는 돌고 도는 것, 여 태후와 심식기의 측근들이 부귀영화를 누린 세월은 약 8년 정도에 지나지 않았다.

서한 7대황제 무제 劉徹(유철)은 재위 54년간 그의 업적만큼이나 수많은 여인과의 이야깃거리도 남겨서 후세에 전하고 있다. 이 재위 기간은 청나라의 강희, 건륭을 제외하고 가장 긴 시간이다. 무제의 여인들 가운데에는 陳嬌(진교)에 관한 일화가 널리 알려져 있다.

무제는 경제의 9번째 아들로서 어머니는 孝景皇后 王氏(효경황후 왕씨)다. 경제의 누나이자 무제의 고모는 館陶長(관도장) 공주였는데 어느 날 연회에서 유철(한무제)에게 궁 안의 여러 여인들 가운데 신붓 감으로 진교가 어떠냐고 물었다. 유철은 대답하기를 "진교가 아내가 된다면 금으로 만든 집에다 모셔놓겠다."고 했다. 이에 아버지 경제 의 허락으로 유철과 진교는 부부가 되었다. 중국에서 쓰이는 "훌륭한 집에 미인을 감춰둔다."는 金玉藏嬌(금옥장교)라는 고사성어가 여기 서 비롯된 것이다.

유철과 진교가 결혼하자 관도장 공주와 어머니 왕씨는 유철을 황태자로 옹립하고자 했다. 당시 황태자는 榮(영)이었지만 유철이 황태자로 바뀌면 자신들의 아들딸이 후일의 황제와 황후가 될 것이기 때문이다. 관도장 공주는 뻔질나게 황궁을 드나들면서 동생이었던 경제에게 당시 황태자와 황후 栗姬(율희)의 잘못을 고자질하고 모함하였다. 게다가 모친이었던 竇太后(두 태후)까지 구슬려서 황태자를 폐위하도록 설득했다. 이런 모함이 계속되자 경제는 관도장 공주의 말을 믿고 율희와 황태자를 불신하기 시작했다. 경제가 황태자 영을 폐위시키자 율희는 관도장 공주를 찾아가 사정했으나 이미 때는 늦었다. 율희는 자신이 상황 판단을 잘못하여 아들이 폐위된 데 대해 괴로워했고 얼마 못 가 죽어 버렸다.

황태자와 황후가 제거되자, 관도장 공주와 왕씨의 세상이 되었다. 뒤이어 유철이 황태자가 되고 관도장 공주의 딸인 진교는 황태자비가 되었다. 황태자의 어머니라는 이유로 왕씨 또한 덩달아 孝景皇后(효경황후)의 자리에 오르게 되었다. 얼마 뒤 경제가 죽자 황태자 유철은 한무제로 즉위하게 된다. 진교는 황태자비에서 황후가 되었고 관도장 공주는 황제의 장모이자 고모로서 그 위세와 권력이 하늘을 찔렀다.

그러나 결혼 6년이 지나도록 황후 진교에게는 아이가 없었다. 온갖 좋은 약재를 다 썼으나 회임을 할 수 없었다. 처음에는 '금옥장교'라며 진교를 그토록 끔찍이 사랑했던 무제도 황손이 없자 진교에 대한 마음이 점차 멀어 갔다. 혹자는 무제와 진교가 고종사촌 간인데 근친혼이라서 회임이 안 되었다고도 한다. 사실 진교에 대한 무제의 애정이 식은 데는 진교의 질투심도 크게 작용했다. 진교는 어머니였던 관도장 공주를 닮아 거만하고 질투심이 많아 무제가 후궁을 가까이하는 꼴을 보지 못했다. 진교가 비참한 말년을 맞이한 것도 그녀의 질투심이 원인이 되었다.

무제는 평양공주 집에서 미모의 衛子夫(위자부)라는 여가수를 만나게 된다. 위자부는 평양공주의 몸종이었는데 그녀의 어머니 衛媼(위온) 때부터 평양공주의 남편 曹守(조수)의 노비를 지냈던 미천한 신분이었다. 신분은 미천했지만 무제는 위자부를 보고 마음에 들어 했다. 두 사람 간의 관계를 눈치 챈 평양공주는 위자부를 무제에게 보내 후궁이 되게 했다. 위자부가 후궁이 되자 진교는 질투심에 눈이 멀었다. 당시에는 영험 있는 무당을 楚服(초복)이라고 했는데 다급해진 진교는 초복을 불러서 자신의 황태자 생산을 기원하는 굿판을 벌렸다. ≪漢書(한서)≫, <外戚傳(외척전)>에는 진교가 이 여인에게 남자의 의관을 입혀 마치 부부처럼 생활했다고 한다. 황제의 총애를 잃자 이를 통해 자신의 성적 번민을 해소하려 했는지도 모른다. 그러나 굿판이 소용이 없었던지 들려온 말은 위자부가 임신했다는 소식이었다. 이렇게 되자 진교는 무당의 통찰력을 이용해 그녀를 저주하려고 했다. 그녀는 위자부가 거주하는 궁에 요사스런 물건을 파묻는 등 巫蠱(무고)를 했다.

그러나 이 소식을 들은 한무제는 분노했다. 무제는 초복을 저잣거리에서 참수해 시내에 매달고 진교와 관계있는 궁인들을 모두 잡아들였다. 결국 초복을 비롯한 300여 명이 진교가 벌인 굿판 때문에 목숨을 잃게 되었다. 이것이 곧 무고의 화(巫蠱禍)이다.

무제는 주범인 진교까지 처형하려 했으나 황후의 직위만 해제시키고 長門宮(장문궁)에 유폐시키게 되었다. 황후의 자리에서 나락으로 떨어진 진교는 황제의 사랑을 다시 얻기 위해 자신의 어머니를 찾아갔다. 그러나 별 소득이 없자 진교는 황제의 마음을 돌려 보고자 황제가 가장 높게 평가한 당대의 문장가 司馬相如(사마상여)를 찾아갔다. 자기를 주제로 한 賦(부)를 만들어 모든 궁녀들이 읊게 하여 황제가 들을 수 있도록 한 것이다. 이것이 중국 역사상 황금 35관이라는 가장 비싼 원고료를 지불하고 만들어진 ≪長門賦(장문부)≫이다. 그러나 이런 노력에도 불구하고 무제는 끝내 그녀를 찾지 않았다. 말년에 진교는 정신병을 앓다가 태자와 함께 목숨을 끊었다. 애절하게 노래한 진교의 마지막 노력은 문학사에 길이 남을 가치가 있는 작품을 탄생시켰지만 자신의 운명을 바꾸는 데는 아무런 효과가 없었다. 그렇다면 장문부에는 어떤 내용이 있을까?

> 이별한 뒤에 매일 두 눈에는 눈물이 나네. 눈물은 끝없이 흐르니 허다한 근심도 함께 흐르네. 근심이 봄날에 있으면 좋은 경치도 늘 있는 것이 아니고, 근심이 가을날에 있으니 낙화는 물 흐르는 대로 따라가네. 그해에는 좋은 집이 있었지만 이미 비어 아득해졌고 새 여인이 웃는 것만 보일 뿐 옛사람 근심하는 것은 보지를 못하네.

무제가 진교가 획책한 무고에 대해 이토록 혹독했던 것은 그 자신이 이를 신봉했기 때문이다. 그는 영명한 제왕으로 평가받았지만 방사들을 지나치게 맹신하여 엉터리 무당들이 궁에 들어와 사람들을 미혹시켰다. 당시 가장 널리 사용된 무고의 방법은 나무인형을 땅에 묻고 제사를 지내 저주하는 것이었다. 당시 江充(강충)이라는 자가 주술하는 자를 심문하고 죄를 다스리는 직책을 맡았다. 주술을 두려워하는 무제를 속여 신임을 얻은 그는 이를 이용해 자기와 뜻이 다른 이들을 모함해 죽이기까지 했다. 그는 태자와 사이가 안 좋았는데 노쇠한 무제가 세상을 떠나서 태자가 즉위하면 자신에게 화가 미칠까 걱정했다. 그래서 무고사건을 일으켜 태자를 모함하게 되었다. 태자궁에서 나무인형이 발견되었는데 나무인형 위에 대역무도한 글이 적혀 있더라는 말을 퍼뜨렸다. 태자는 강충이 자신을 모함하려고 획책한 일인 것을 알고 먼저 군대를 이끌고 강충과 그 일당을 체포했다. 그러나 도리어 이 일이 역모행위로 간주되어 태자의 기병은 진압되게 된다. 역모의 죄를 뒤집어쓴 태자는 자살했고 위자부도 이 일로 자살했으며 여러 대신들 가운데서도 목숨을 잃은 자가 수만에 달했다. 그러나 1년 뒤 무제는 태자가 억울한 누명을 썼다는 사실을 알게 되었다. 무제는 가슴을 치며 후회했다. 그래서 長安城(장안성)에 思子宮(사자궁: 아들을 추모하는 궁전)이라는 궁을 지어 아들을 추모했고 閿鄕(문향)에는 望思臺(망사대: 그리워하며 생각하는 누각)를 지어 비통한 마음을 달랬다.

이 밖에도 한무제는 위자부의 남동생과도 특별한 관계를 맺었다는 이야기가 전한다. 위자부의 남동생은 衛靑(위청)이었는데 체격이 좋고 장대하여 그 또한 무제의 총애를 받았다. 동성애자였던 무제는 위청을 궁내의 侍臣(시신)으로 뽑았다. 이후 위청이 죽고 난 뒤 무제는 그의 시신을 자기의 묘지인 茂陵(무릉) 옆에 안장하도록 명하기도 했다.

한무제의 음행은 여기에 그치지 않았다. 황후의 질투심에 질려 버린 무제는 친누나였던 평양공주의 집에 놀러 갔다가 또 다른 여인을 만나게 된다. 그녀가 바로 경국지색의 미인으로 이연년의 누이동생인 이연이었다. 이연은 무제의 아들을 하나 낳고 숨을 거두었다. 진교의 빈자리를 채워 주었던 이연이 세상을 떠나자 무제의 상심은 컸다. 이때 방사 李少翁(이소옹)이 주술로 이연의 혼령을 불러와 무제와 상봉하게 하겠노라고 했다. 이소옹은 이연이 평소 입던 의복을 준비하게 하고 얇은 비단장막을 친 뒤 촛불을 밝혔다. 그랬더니 웬 그림자가 드리워지더니 몸을 옆으로 한 채 천천히 걸어오는 게 아닌가? 그림자는 곧 사라졌다. 이 부인의 혼령은 만나지 못하고 그림자만 상봉하게 된 무제는 상심이 컸다. ≪한서≫, <외척전>에는 무제가 다음과 같은 시를 써서 궁녀들이 노래 부르게 했다는 기록이 있다.

"사실인지 거짓인지? 선 채로 바라보는데 그대 어이 더디 오는가?"

어쨌든 이런 공로로 이소옹은 文成將軍(문성장군)에 봉해졌다. 그러나 이는 촛불과 비단장막을 이용한 그림자극일 뿐, 무제는 방사에게 철저히 기만당한 것이었다.

한편 ≪한서≫, <외척전>에는 다음과 같은 이야기도 전한다. 한무제에게는 鉤弋夫人(구익부인)이라는 후궁이 있었다. 특이하게도 그녀는 임신한 지 14개월 만에 아들을 낳았다. 옛 성현 요임금이 14개월 만에 태어났다는 이야기가 있는 만큼 상서로운 길조라고 무제는 매우 기뻐했다. 그래서 그녀를 위해 堯母門(요모문)을 건립해 주고 이 아들을 태자로 삼았다. 그런데 왠지 아들의 미래를 위해서라면 젊고 똑똑한 어미가 세상에 없는 게 낫겠다는 생각이 든 모양이다. 그래서 무제는 구익부인을 불러 트집을 잡고 꾸짖었다. 부인은 머리를 조아리며 사죄했으나 이미 부인을 없애야겠다는 생각은 마음속에 정해진 바였다. 이렇게 그녀는 요임금의 어이없는 이야기를 맹신한 황제에 의해 죽음을 당하게 되었다. 이로부터 중국 황실에는 자식을 태자에 세우면 어미를 죽이는 습속이 생겨나 꽤 오랫동안 이런 비극이 지속되었다.

이런 여러 비극들은 과학기술이 발전하지 않은 옛날 사람들이 미신을 신봉하고 주술을 두려워한 데서 생겨났음을 잘 알 수 있다. 또 한편 모든 권력이 황제 1인에게 집중되고 그가 수많은 여성들을 거느리며 살 수 있었던 데 기인한다. 바로 무제가 일찍이 "3일 굶을 수는 있지만 하루라도 여자가 없어서는 안 된다."고 한 데서도 이를 잘 알 수 있다.

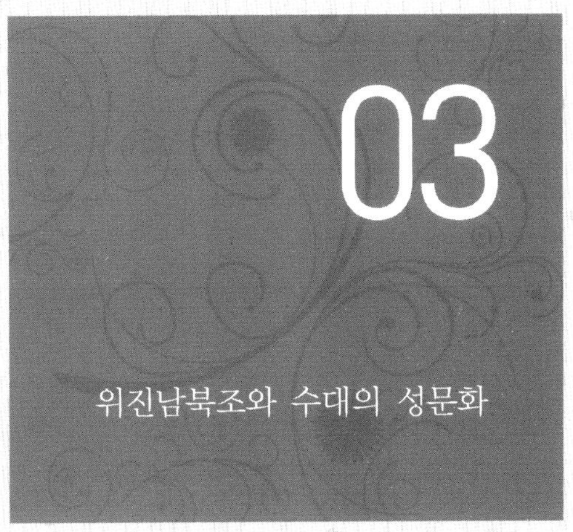# 03

위진남북조와 수대의 성문화

1. 방중술의 발전

2. 자유분방한 성 풍속

03 | 위진남북조와 수대의 성문화

1. 방중술의 발전

이 장에서는 위진남북조, 수대의 성 풍속에 대해 살펴보기로 하자. 위진남북조는 중국 역사상 後漢(후한)이 멸망한 다음 해부터 隋(수)의 文帝(문제)가 陳(진)을 멸망시키고 전국을 통일할 때(A.D 221~589)까지의 시대에 해당된다. 楊堅(양견)은 본래 북주의 외척이며 8주국의 하나인 중신이었다. 북주의 선제가 사리에 어둡고 어리석어 양견은 사람들의 신망을 얻었으며, 선양을 통해 제위에 올라 남조의 진나라를 정복하고 남북조시대를 통일했다. 손쉽게 천하를 얻었기 때문에 청나라의 역사가 趙翼(조익)은 "예로부터 천하를 얻기가 수문제와 같이 쉬웠던 일은 여태껏 없었다."고 평했다.

위진남북조 시기는 秦(진)·漢(한)과 隋(수)·唐(당)의 두 통일기를 잇는 정치적 분열시기로서 말 그대로 대동란의 시대이다. 사회의 대동란은 후한 말엽부터 수나라 문제가 중국을 통일할 때까지 수백 년 동안이나 지속되었다. 북주 때 불교는 패불정책으로 수난을 받았는데 수나라 문제는 불교 보호정책을 취했다. 수양제는 관능적 쾌락에 빠져 있기는 했으나 독실한 불교신자였고 뛰어난 시인이었다. 수왕조 때는 문관조직의 중요성이 증대된 결과 유교가 또다시 목소리를 높였고 도교는 변함없이 민중 사이에서 유행했다. 이때는 유교, 불교, 도교의 3가가 통용되던 시대였던 것이다. 그러나 사회의 혼란으로 윤리도덕은 땅에 떨어지고 약소국가의 왕실에서는 방탕과 정치적인 암살이 횡행했다. 후한 말기의 혼란은 우리가 잘 아는 魏(위)나라(華北: 화북지방), 蜀(촉)나라(四川: 사천지방), 吳(오)나라(江南: 강남지방)의 ≪三國志(삼국지)≫의 배경이 되는 시대가 된다.

위나라 조조는 정치적인 실권은 잡았으나 자기가 제위에 오르지는 않았다. 대신 詩賦(시부)의 재능이 뛰어난 그는 많은 문인들을 받아들였으며 자신도 두 아들 曹丕(조비), 曹植(조식) 형제와 함께 이른바 建安文學(건안문학)의 발전을 가져오게 하였다. 또한 통일된 중앙집권 대제국이었던 한왕조가 멸망하자 전통유학은 인심을 끌지 못하고 절대적인 지위를 잃게 된다. 이런 시대적 배경을 바탕으로 노장사상은 玄學(현학)으로 발전하게 된다. 현학은 본시 '老莊(노장)의 학문'이라는 뜻으로 중국 도가의 학문을 일컫는 말이다. 한대에 노장의 학문은 유교와 더불어 당시 사람들의 교양의 대상이었지만 위진남북조시대

에 들어와 철학적인 형이상학적 담론의 색채가 짙어졌고 淸談(청담)
이 행하여진 것이다.

위나라 말기 실세였던 사마씨 일족이 국정을 장악하고 전횡을 일삼
자 이에 등을 돌리고 초탈과 방탕함을 특징으로 하는 현학에 심취했
던 지식인들이 있었다. 이들은 정치에는 무관심하고 당시 사회를 풍자
하고 방관자적인 입장을 취했다. 위진의 竹林七賢(죽림칠현)이 바로
그들인데 그들의 이름은 阮籍(완적), 嵆康(혜강), 山濤(산도), 向秀(향
수), 劉伶(유영), 阮咸(완함), 王戎(왕융)이다. 그들은 개인주의적이고 무
정부주의적인 노장사상을 신봉하여 지배권력이 강요하는 유가적 질서
나 형식적 예교를 무시하고 그 위선을 폭로하기 위하여 상식에서 벗
어난 언동을 하기도 했다. 이후 이들은 魏(위)나라를 멸망시키고 晉(진)
나라를 세운 사마씨의 일족에 의해 회유되어 해산되었다. 그들은 비록
일시적으로 집단을 형성했다가 죽임을 당하거나 회유되어 모두 흩어
졌지만 그들의 풍부한 일화는 이후 ≪世說新語(세설신어)≫ 등 인물평
론이나 회화의 좋은 제재가 되었다. 특히 완적, 유영이 그중 전형적인
인물이었는데 ≪세설신어≫, <任誕(임탄)> 제6편을 보기로 하자.

> 劉伶(유영)은 항상 술에 취해 제멋대로 굴었다. 혹은 옷을 벗고 벗
> 은 몸으로 집 안에 있었다. 사람들이 보고 그를 비웃었다. 유영은
> 말하기를, "나는 천지를 집으로 여기고 집을 속옷으로 삼고 있다.
> 그런데 여러분은 어찌하여 내 속옷 안에 들어와 있는가?"

천지자연을 집으로 삼아 벗고 다닌다는 유영의 변명은 상식을 전
복시킴은 물론 듣는 사람으로 하여금 감탄을 금치 못하게 한다. 그렇
다면 이 시기에 도교와 관련하여 방중술은 어떤 면모를 보였을까? 南

北朝(남북조)시대가 되자 많은 이들이 도교를 개혁했다. 북방에서 嵩山道士 寇謙之(숭산도사 구겸지)는 北魏 太武帝(북위 태무제)와 재상 崔浩(최호)의 지원 아래 도교를 개혁했고 남방에서는 廬山道士 陸修靜(여산도사 육수정) 등이 도교를 개혁했다. 도교가 신봉했던 방중술은 곡절을 겪었으나 여전히 계승되어 발전을 이루었다. 張道陵(장도릉)은 후한 말기의 도사로 五斗米道(오두미도)의 시조였다. 그가 죽은 뒤에는 아들 張衡(장형)이 도를 설파했다. 그의 손자 張魯(장로)는 더 대단하여 漢中(한중)에서 정교일치의 정권을 세워 30년간 이어갔다. 삼국시대에 도교의 원류가 된 태평도를 창시한 황건적의 지도자 張角(장각)도 그의 자손 중 하나였다. 많은 서적에서 보이는 '三張(삼장)'이란 바로 3대에 걸친 이들 세 사람을 일컫는 것으로 방중술의 계속적인 전수는 결국 '삼장'이라는 이름과 연계되어 있는 것이다.

東晋(동진)의 저명한 도사 葛洪(갈홍)은 방중술의 대이론가 중 하나이다. 갈홍은 西晉(서진) 武帝(무제) 太康(태강) 2년(서기 282년)에 丹

陽郡(단양군: 현재 강소성 句容縣(구용현))에서 태어났다. 갈홍의 자는 稚川(치천)이며 호는 抱朴子(포박자)이다. 서기 300년 무렵, 갈홍은 종조부 갈현으로부터 학문을 배웠는데 신선술을 좋아하여 반평생을 연단술에 소비했다. 연단술이란 금속에서 추출한 액상수은을 먹어서 불로불사의 선민이 되거나 불사의 영약을 만드는 기술이다.

갈홍은 연단을 통하여 체험하고 깨달은 지식과 업적을 모두 ≪抱朴子(포박자)≫에 기록해 놓았다. 갈홍은 이 밖에도 神仙傳(신선전) 및 시와 부, 잡문 등 일백여 권의 책을 저술했다. 그중 ≪포박자≫ 內篇(내편)은 神仙吐納(신선토납)의 방법을 수록하고 있다. 신선토납이란 더러운 기를 입으로 토하고 신선한 기를 코로 마시는 도가 수련술의 일종이다. ≪포박자≫에서는 다음과 같이 방중술의 필요성을 논한다.

"천 가지 약을 복용하고 三牲(삼생: 소, 양, 돼지)을 길러 먹어도, 방중술을 알지 못하면 無益(무익)이 되고 만다."(≪抱朴子≫, <微旨(미지)>)

"방중술을 알아야 한다. 그 까닭은 음양의 술법을 몰라서 자주 피곤하여 손상을 입게 되면 기를 운행하는 데 어렵기 때문이다."(≪抱朴子≫, <至理(지리)>)

"여러 방술에 두루 의존해야 장생을 이룰 수 있다."
"현녀와 소녀의 방술을 아는 사람은 방중술로 세상을 구제할 수 있다고 말한다."

그는 張道陵(장도릉)이 시작한 도교의 이론적 기초를 세웠으며 錬丹(연단), 胎息(태식) 등의 방법으로 방중술을 행했다. 그는 불로장생

의 선술과 구체적인 이론을 실관적으로 논하면서 병을 치료했다. 장
도릉의 방중술은 어디까지나 장생과 양생을 목적으로 한 것이었다.
따라서 갈홍의 《포박자》 전권에 흐르고 있는 사상은 매우 도덕적
이다. 《포박자》의 내용을 보면 갈홍은 성행위를 통한 쾌락추구, 음
란한 풍속이 가족제도의 붕괴와 국가 멸망의 조짐이라 경고한다. 그
래서 집안 여자들을 엄격히 통제하라고 경고할 뿐 아니라 남자들의
방종에도 통렬한 비판을 가했다. 다음 내용을 잘 살펴보자.

> "만약 口訣(구결)의 방술을 이해하지 못하고 이것을 행하면 만에 한
> 사람도 이 때문에 자신을 손상시키지 않는 사람이 없다. 현녀, 소녀,
> 자도, 용성공, 팽조의 무리들은 대개 그 대략적인 일들만 기록하였을
> 뿐 끝내 지극히 중요한 것은 종이 위에 적지 않았다."(《抱朴子》,
> <釋滯(석체)>)

당시 중국인들은 갈홍을 抱朴之士(포박지사)라고 불렀다. 포박지사
란 명예욕이나 사리사욕 없이 자기의 본분을 지키며 검소하게 사는
선비를 말한다. 갈홍은 사람들이 포박자라는 자신의 호를 부르면 매우
기뻐했다. 그것은 《孝子(효자)》에 나오는 '見素抱朴, 少私寡欲(견소
포박, 소사과욕)', 즉 '소박함을 보고 가슴에 품으며 사리사욕을 억제
한다'는 의미였기 때문이다.

《포박자》는 南朝 梁(남조 양), 齊(제)시기의 陶弘景(도홍경)에 대
해 큰 영향을 끼쳤다. 이렇게 갈홍의 방중술에 대한 공헌은 지대했지
만 방중술은 후대로 가면서 도덕적 타락의 빌미가 되었다. 예를 들면
사후에 魏武帝(위무제)라는 시호를 받은 曹操(조조)는 생전에 솔선수
범하여 방중술을 익혔다. 銅雀臺(동작대)를 지어서 각지의 미녀들을

거두는가 하면 항상 창기와 배우를 곁에 둔 채 저녁을 맞이했다고 한다. 당시 노장사상과 함께 유행하던 방중술은 조조의 가장 큰 관심거리였다. 조조는 방사들을 불러 모아 방중술을 연구하게 했고 궁녀들로 이를 실험했다고 그의 아들 曹植(조식)이 ≪釋道論(석도론)≫에서 밝히고 있다.

> "魏(위)나라 때 方士(방사)로는 甘陵(감릉), 甘始(감시)가 있었고 盧江(여강)에 左慈(좌자)가, 陽城(양성)에는 郄儉(극검)이 있었다. 감시는 行氣術(행기술)과 導引術(보도술)을 잘했고 좌자는 방중술에 정통했으며 극검은 辟谷不食(벽곡불식)을 잘하여 모두 200세나 산 사람으로 불렀다. 무릇 이러한 무리들을 武帝(무제)는 모두 위나라에 모이게 하여 흩어지지 않게 했다."

도가의 방중술이 지향하는 불로장생의 사상은 조조가 지은 ≪步出夏門行·龜雖壽(보출하문행·구수수)≫라는 시에 잘 나타나 있다. ≪후한서≫를 보면 조조가 앞장서 방중술을 익히자 邺(업: 지금 중국 河北省 臨漳縣(하북성 임장현) 서쪽지방)의 관료, 귀족들도 너도나도 흉내를 냈다고 한다. 그의 아들 曹丕(조비)는 ≪典論(전론)≫에서 당시 사람들이 이에 대한 광적인 반응을 생동감 있게 묘사하고 있다.

> "潁川(영천)의 극검은 辟谷(벽곡)을 잘하여 伏苓(복령)을 먹었다. 감릉과 감시는 행기술을 잘하여 늙었어도 젊은 얼굴을 하고 있었다. 여강의 좌자는 보도술에 정통하여 또한 군의 관리가 되었다. 처음 극검이 이르는 곳에는 복령가격이 폭등하여 몇 배나 더 귀해졌다. … 나중에 감시가 오자 여러 사람들 중 올빼미처럼 째려보고 늑대처럼 눈 흘기며 숨을 들이쉬고 내쉬지 않는 사람이 없었다. … 좌자가 오자 또 앞 다투어 그의 보도술을 받아들였고 군왕을 모시던 嚴峻(엄준)은 직접 찾아가서 묻고 가르침을 받기까지 했다. 그런데

奄竪眞(엄수진)은 이런 방술을 따르지 않았다."

조조는 궁녀와 배우들에게 그가 죽은 뒤 매월 초하루와 보름날 아침에, 동작대에서 자기 무덤을 바라보며 가무를 행하라는 유언을 남겼다. 조조의 장남 조비는 아버지의 취향을 배워 淸商署(청상서)를 설치해 후궁을 모집했다. 曹睿(조예) 때까지 이 여악기구는 존속되어 후궁이 수천에 이르렀다. ≪魏志(위지)≫와 ≪南史·后妃傳(남사·후비전)≫에 따르면 황제의 후궁 수가 많아지자 위나라는 황후 아래 다섯 등급의 爵(작)을 두어 첩을 관리했는데 太和年(태화년) 중기에 이르러 이 작위가 열두 등급으로 늘어났다고 한다. 그래도 모자라 이들은 남의 아내를 빼앗아 궁에 들이기도 했다. 일례로 조비는 袁熙(원희)의 아내인 甄氏(견씨)를 빼앗아 황후로 맞았다. 吳王 孫皓(오왕 손호)가 馮純(풍순)의 처를 궁에 들인 것도 마찬가지다.

曹操(조조)

　수대에도 방중술 전문서가 이전 조대와 마찬가지로 성행했다. 正史(정사) 가운데 ≪한서≫, <예문지>를 이어 방중술 전문서를 기재하고 있는 것은 ≪隋書(수서)≫, <經籍志(경적지)>인데 여기서 '醫方(의방)'이라는 항목 끝에 몇 권의 방중술 전문서가 열거되어 있다.

> ≪序房內秘術(서방내비술)≫ 1권
> ≪素女秘道經(소녀비도경)≫ 1권, 부록 ≪玄女經(현녀경)≫
> ≪玉房秘訣(옥방비결)≫ 8권
> ≪徐太山房內秘要(서태산방내비요)≫ 1권
> ≪彭祖養性(팽조양성)≫ 1권
> ≪房內秘要(방내비요)≫
> ≪郯子說陰陽經(담자설음양경)≫ 1권
> ≪養生要集(양생요집)≫ 10권

　이 책들은 ≪한서≫, <예문지>에서는 기록을 찾아볼 수 없는 것들이다. 따라서 방중술 전문서는 위진남북조로부터 당나라 초에 이르기까지 수백 년간 상당한 발전을 거듭했다는 것을 알 수 있다.

　이렇게 위진남북조와 수나라, 이 시대에는 양생을 추구하는 온갖 방중비법이 유행했지만 색에 빠진 이들이 결코 오래 산 것은 아니다. 불로장생을 추구하는 방중술은 섹스의 기교를 발휘해 즐기는 것이 아니라 섹스의 클라이맥스를 버리는 차원을 요구하는 것이다. 즉 절제하라는 말이다. 비유하자면 배가 고프다고 해서 맛있는 음식을 한꺼번에 빨리 먹으면 체할 수 있다. 또 배가 고프다고 너무 많이 먹으면 소화불량이 와서 건강에 해로울 것이다. 그러므로 배고플 때 진귀한 음식이 많더라도 눈요기로 식욕을 돋우되 아주 가끔, 조금씩 먹는 것이 건강에 좋은 법이다. 방중술에서는 배가 고파도 꾹 참다가 어떤 단계에 이르면 굶주림을 넘어서서 황홀경을 느낀다고 가르친다. 섹스도 마찬가지다. 이런 가르침을 지키지 않으니 도리어 건강을 해치고 요절하는 일이 생기는 것이다. 그러나 식욕, 금전욕 등 욕망의 일종인 성욕을 제대로 절제하여 클라이맥스가 아닌 또 다른 차원의 황홀감을 느끼는 경지에 오르기란 쉽지 않다. 많은 사람들이 눈앞의 본능추구에만 몸과 마음이 기울기 쉽다. 인내하는 고통보다는 인내를 포기하는 것이 훨씬 손쉽고 재미있어 쾌락에 빠지기 쉬운 법이다. 클라이맥스에 오르기 전에 중단하게 되면 황홀경의 밑천이 없어지는 것이므로 클라이맥스가 지속될 리 없다. 방중술에서는 클라이맥스가 오기 전에 상대방으로부터 양기를 듬뿍 흡수하라, 자기 몸에서 스스로 만들어진 양기로 비축해 두어라고 가르친다. 이 말은 절제하라. 절대로 밑천이 고갈되지 않게 대비하라는 뜻이다.

2. 자유분방한 성 풍속

불로장생을 위해 방중술에서 벽곡불식을 하고 단약을 먹는 것과 달리, 위진시대에는 詹草(담초)나 그 열매를 먹으면 사랑하는 남자의 마음을 얻을 수 있다는 속설이 있었다. 바로 ≪博物誌(박물지)≫에 나오는 내용인데 ≪山海經(산해경)≫에도 이와 비슷한 이야기가 있다. 담초에 주술적인 효능이 있어 이를 먹으면 상대방에게서 사랑을 얻는다는 것이다. 이런 주술 중 하나로 晉(진)의 張輩(장배)는 ≪感應類從志(감응류종지)≫에서 색다른 방법을 제시하고 있다. 여인의 월경포를 취하여 태워 재를 내고 여인이 올 때 문지방에 조금 놓아 두면 여자가 정이 들어 돌아갈 수 없게 된다는 것이다. 물론 이 모든 방법은 당시 유행한 미신일 뿐 과학적 근거는 없다. 이런 주술이 널리 받아들여진 것은 사랑이 마음먹은 대로 쉽게 이루어지는 것이 아니기 때문이다. 사랑하는 사람의 마음을 얻는 것이 어려운 것은 예나 지금이나 마찬가지다. ≪伽藍記(가람기)≫에는 後魏(후위)의 王肅(왕숙)이 주인공으로 등장한다. 여기에는 왕숙에게 버림받은 아내의 슬픈 이야기가 있다. 왕숙은 孝文帝(효문제)의 신임을 얻어 고관에 임명되었다. 효문제가 공주를 그에게 시집보내 사위로 삼으니 그는 원래 아내(謝氏, 사씨)와는 이혼하게 되었다. 상심한 사씨는 왕숙에게 오언시 한 수를 써서 보냈다.

"본래 얇은 뽕잎 위의 누에라지만 지금은 베틀 위에서 실을 뽑네, 당신은 높은 자리로 가 나를 내쫓지만, 그 사랑했던 때를 기억하는데…"

이렇게 황제의 권력에 의지해 관운을 얻게 된 왕숙은 여전히 본부인에 대해서는 관심이 없었다. 사씨는 다시 자신의 울분을 시에 담았다.

"관운을 얻어 드디어 떠나지만 그리움은 나를 맴도네."

사씨는 결국 암자에 들어가 비구니가 되어 한평생을 마쳤다. 사씨가 마지막으로 왕숙에게 쓴 편지에는 다음과 같은 내용이 있다.

"예전에 비단과 삼베가 있었는데 끝내 黃茅(황모)를 버렸구려. 조강지처는 흰머리가 되도록 한을 품었소."

한편 남북조의 민가 ≪華山畿(화산기)≫에도 이루어지지 못한 사랑 이야기가 있다. 어느 소년이 화산기에서 소녀를 보고 첫눈에 반했다.

그러나 신분의 차이 때문에 말은 못 하고 집으로 돌아와 끙끙 앓았다. 소년은 상사병으로 몸져눕게 되었고 소년의 어머니는 그 병이 상사병임을 알게 되었다. 소년의 어머니는 화산기로 찾아가 소녀에게 아들이 상사병으로 몸져누웠다고 사정했다. 이에 소녀는 자신이 가지고 있던 무릎덮개를 건네주며 몰래 소년의 침상 밑에 두면 차도가 있을 거라고 했다. 어머니는 그것을 소년의 침상 밑에 놓아 두었는데 소년이 우연히 발견하게 되었다. 소년은 뛸 듯이 기뻐했고 그것을 가슴에 품더니 이내 삼켜 버렸다. 이로 인해 소년은 죽게 되었다. 소년의 장례식 때, 상여가 화산기의 소녀집 앞을 지나는데 더 이상 움직이지를 않았다. 그러자 소녀가 몸단장을 한 뒤 문에서 나와 슬피 노래했다.

> "만약 즐거움이 서로를 아낄 때와 같다면, 관은 나를 위해 열릴지어다."

이때 관 뚜껑이 소리를 내며 열렸고 소녀는 관 속으로 뛰어들었다. 그러나 관 뚜껑은 닫힌 채로 다시는 열 수가 없었다. 이에 사람들은 그들을 부부처럼 합장해 주었다. 비록 전설 같은 이야기지만 고대 중국에서 이루어지지 못한 사연이 얼마나 많았는지 짐작조차 할 수가 있을까?

그렇다면 몰래 사랑을 나누던 남녀가 맺어진 이야기는 없을까? 西晉(서진) 무제 때 권세가 賈充(가충)은 여러 손님을 초청해 잔치를 벌였다. 이때 그의 딸이 호기심에 병풍 뒤에서 이 장면을 훔쳐보곤 했다. 그러다 그의 딸은 젊고 잘생긴 한수라는 청년을 보고 마음에 두게 되었다. 그녀는 자신의 몸종을 한수의 집으로 보내 마음을 전했다. 그러

자 한수는 야음을 틈타 몰래 처자를 보러 왔고 두 사람은 서로 사랑하
는 사이가 되었다. 두 사람이 사랑을 나누는 사이에 아버지인 가충은
전혀 알지 못했다. 후에 서역에서 진무제에게 진귀한 향을 진상했다.
무제는 그 향을 진귀하게 여겨 가충과 대사마인 陳騫(진건)에게만 조
금씩 하사했다. 그런데 가충의 딸은 아버지의 향을 몰래 훔쳐서 한수
에게 선물로 주었다. 이후 가충은 한수를 만났는데 한수의 몸에서 진
귀한 향냄새가 나는 것이었다. 가충은 그제야 의심하기 시작했다. 딸
을 추궁한 결과 가충은 두 사람의 관계를 알게 되었다. 이에 가충은
딸을 한수에게 시집보내고 두 사람의 사랑은 결실을 보게 되었다.

여느 시대와 마찬가지로 통치계급이 사치와 방탕함에 빠져 있음을 보
여 주는 기록이 있다. 명대 사람 謝肇制(사조제)는 ≪五雜俎(오잡조)≫
권3에서 흥미롭게도 춘화를 그려 놓고 즐긴 齊나라 東昏(동혼)의 이야기
를 전한다.

> "동혼이 방락원을 만들었는데 바위에 모두 색을 칠하고, 여러 누각
> 의 벽에는 남녀가 교접하는 모습을 온통 그려 놓았다."

또한 위진남북조에 이르면 가기를 부양하는 풍속이 성행했다. 晉
(진)의 토비 출신인 부호 石崇(석숭)은 낙양에 金谷園(금곡원)이라는
별장이 있었다. 여기에는 가기가 천 명이 넘었는데 어찌나 화려했던
지 화장실에도 잘 차려입은 가기들이 시중들 정도였다. 어떤 손님이
화장실에 들어갔다가 침실인 줄 착각했을 정도였다. 석숭이 손님들에
게 잔치를 열 때면 가기들에게 술을 따르게 했다. 만일 손님이 술을
마시지 않겠다고 하면 가기의 접대가 마음에 안 들어서라고 여기고

그 자리에서 목을 베었다. 이 때문에 못 마시는 술을 억지로 마시는 손님이 있었지만 王敦(왕돈)이라는 장군은 계속 안 마시겠다고 버텼다. 결국 세 명의 가기가 목이 잘렸으나 털끝만큼도 인정이 없던 그는 자기 알 바가 아니라고 했다.

이 왕돈이라는 사람이 하루는 王愷(왕개)가 연 잔치에 초대받아 간 적이 있었다. 인간미 없기는 왕개도 마찬가지였다. 왕개는 가기에게 피리를 불게 했는데, 잠깐 실수하자 그녀를 산 채로 때려 죽였다. 손님이 술을 안 마신다고, 피리 불다가 실수했다고 산 사람 목숨을 파리 목숨처럼 취급할 수 있을까? 그것은 가기가 주인의 성적 도구일 뿐, 사람이 아니라 물건이나 가축 정도로 여겨졌기 때문이다.

한편 前宋(전송)의 劉子業(유자업)은 15세의 소년황제였다. 그는 어린 나이에도 무분별한 성적 방탕에 빠져 있었다. 그는 여자는 물론 환관들과 남색에 빠져 있었다. 소년황제 유자업에 관해서는 다음과 같은 이야기가 전한다. 유자업은 죽림당에서 오락을 즐기다가 궁 안에서 비빈과 궁녀들을 불러 나체로 춤을 추고 서로 어울려 놀게 했다. 어떤 비빈이 말을 듣지 않자 유자업은 그 자리에서 그녀를 죽였다. 그날 이후 이 여자의 혼백이 꿈속에 나타나 유자업을 괴롭혔다. 그는 이 여인과 생김새가 비슷한 빈과 궁녀 수십 명을 모두 죽여 버렸다. 그런데 그날 저녁, 수십 명의 여자 원혼이 그의 꿈속에 나타난 것이다. 잠에서 깨어난 그는 원혼들을 달래는 제사를 지냈다. 그러나 쌓은 업보 때문인지 그는 결국 연회석상에서 가까운 신하에 의해 살해되는 비운을 맞이하게 된다.

金谷園(금곡원)

　유자업이 나체로 춤을 추고 논 것은 옛날 걸왕, 주왕이 주지육림을 만들고 남녀가 나체로 그 속에서 어울려 놀았다는 것과 비슷하다. 전송의 明帝(명제) 劉彧(유욱) 또한 마찬가지였다. 그는 항상 깊은 궁중에서 연회를 열었는데 비빈 중에 아름다운 이를 골라 옷을 벗게 하고, 흉한 모습을 연기하도록 하며 이를 보고 웃고 즐겼다. 황후도 함께 궁녀의 나체공연을 보게 했는데 황후가 부채로 얼굴을 가린 채 몸을 돌리고 보지 않자 명제는 화를 내며 황후를 쫓아 버렸다고 한다.

　이런 예에서 드러나듯이 전송왕조의 성문화는 상당히 문란했는데 57년간 지속되면서 9명이나 되는 황제가 교체되었다. 그런데 천수를 다하고 죽은 황제는 없고 대부분 유자업처럼 음행을 일삼다가 암살당하든지 건강을 해쳐서 죽었다. 그럼에도 불구하고 이를 뉘우친 황제는 없었다. 하늘은 땅보다 우선하고 임금은 신하보다 우선하고 남편은 아내보다 우선한다는 강령을 내세웠을 뿐이다. 이런 질서는 나라의 통치질서를 유지하기 위한 근간이라 여겼기 때문이다. 남자는 첩을 여럿 둘 수 있어도 여자는 질투도 마음대로 할 수 없었다. 일례로 전송의 湖執令(호숙령) 袁悟(원도)의 아내는 질투했다는 죄명으로 태종에게 죽임을 당했다. 또 상서 우승상 榮彦遠(영언원)은 아내에게 얼굴을 긁혔는데 이를 안 황제가 부인에게 사약을 내려 사형에 처하게 했다. 劉休(유휴)의 아내 왕씨는 질투가 심했는데 황제는 유휴의 첩으로 하여금 본처에게 곤장 20대를 때리게 한 일도 있었다.

그러나 여성의 성적 자유에 대해 이야기한 황실의 여성도 있었다. ≪宋書·前廢帝紀(송서·전폐제기)≫를 보면 앞서 언급한 유자업의 누이 山陰(산음)공주에 대한 이야기가 전한다. 유자업이 폐위되기 전, 산음공주는 황제 유자업에게 불평했다.

"소첩과 폐하는 비록 남녀의 차이는 있지만, 모두 先帝(선제)에게서 태어났습니다. 폐하는 六宮(육궁)의 수만 명 여인을 거느리지만, 소첩은 부마 한 명뿐이니 이처럼 불공평한 일이 어디 있겠습니까?"

그래서 유자업은 공주를 위해 젊고 잘생긴 남자 첩 30여 명을 후궁에 두고 그녀를 모시게 했다. 공주는 특히 미남인 褚淵(저연)으로 하여금 시중을 들게 했는데 저연은 10여 일 모시는 동안 너무 힘들었던 모양이다. 나중에는 죽기를 맹세하고 돌아가지 않으려 해서 결국 시중을 들지 않게 되었다. ≪송서·전폐제기≫에는 이런 산음공주의 행실에 대해 음탕하다고 기술하고 있다. 그러나 남녀평등의 차원에서 본다면 적극적으로 여성의 성적 권리를 주창한 선구적인 면을 엿볼 수 있다. 남동생은 수만 명의 여인을 두고 있는데 자신은 여자라는 이유로 왜 더 남자를 둘 수 없느냐는 요구는 같은 왕실의 가족으로 충분히 나올 수 있는 말이 아닐까?

梁 元帝 蕭繹(양 원제 소역)의 왕비 徐昭佩(서소패) 또한 황제에게 과감히 성적 불만을 표현한 여자였다. ≪南史(남사)≫에 의하면 그녀는 前齊國(전제국) 太尉(태위)의 손녀이자 양나라 장군 徐琨(서곤)의 딸로 명문 대갓집 출신이었다. 소역은 한쪽 눈이 애꾸눈으로 양의 원제가 되기 전에는 湘東王(상동왕)이었다. 서소패는 소역에게 시집갔는데 애꾸눈 남편과의 결혼생활에 불만이 많았다. 특히 성적 불만이 있었던 그녀는 남편이 애꾸눈임을 빗대어 얼굴의 반쪽만 화장한 모습을 보여 주었다. 게다가 술을 좋아해 항상 취해 있던 그녀는 황제의 용포 위에 구토까지 했다. 소역이 이런 그녀를 싫어해 멀리하자 서소패는 독수공방하게 되었다. 그러자 그녀는 다른 남자를 찾았는데 조정 안의 미남 季江(계강)을 알게 되어 함께 즐겼다. 당시로서는 많은 나이인 서른이 넘은 그녀가 과감히 성애를 즐긴 데 대해 다음과 같은 말이 생겨났다.

"徐娘(서낭)은 중년을 넘었어도 풍류는 여전히 지니고 있네."

서낭은 바로 서소패를 말한다. 그러나 소역은 이를 용납할 수 없었다. 자신이 서소패를 멀리하고 다른 궁녀 처소를 찾은 것은 여자가 남자의 소유물이므로 당연하다고 여겼기 때문이다. 소역은 서소패를 부정한 여자라며 강제로 우물에 뛰어들게 했다. 그러고도 분이 안 풀려 그녀의 시체를 친정으로 보낸 뒤 소박맞아서 이렇게 되었다는 말을 전했다고 한다.

옛 문헌에서 중국황실의 여성에 관한 기록을 살펴보면 황제의 모친, 즉 태후가 정부를 들였다는 경우가 많다. 이것은 일찍 시집와 남편을 여의고 아들이 황위에 오른 경우인데 오랜 세월을 독수공방했기 때문에 정부를 두게 되었을 것이다. 궁에서 남편이 죽어 과부가 된 여인들이야 수없이 많겠지만 태후는 아들이 황제이므로 그만큼 권한이 컸기에 가능했을 것이다. 남북조시대에서 알려진 이로는 북위 文成馮太后(문성풍태후), 孝文馮后(효문풍후), 그리고 魏(위)의 靈太后(영태후) 등이 있다.

위 영태후와 정부의 이야기를 살펴보면 애절한 사랑의 감정이 엿보인다. 그녀는 楊白花(양백화)라는 남자를 사모했는데 태후라는 권세를 이용해 그와 깊은 관계를 맺었다. 그러나 양백화는 영태후에게 마음이 없었던지라 성과 이름을 바꾸고 梁(양)나라로 도망갔다. 이후 영태후는 그를 그리워해서 楊白花歌(양백화가)라는 노래를 지었다. 그녀의 순수한 감정이 담겨 있는 노래의 내용은 다음과 같다.

봄날 이삼월이 되니 버드나무에 일제히 꽃이 피네.
봄바람은 밤새 규중에 불어오고, 버들꽃은 표표히 남녘 집에 떨어지네.
정을 품고 방을 나오는데 다리에 힘없이 버들꽃을 주우니 눈물은 가슴을 적시네.
가을에 떠나 봄이면 돌아오는 제비 한 쌍, 버들꽃 입에 물고 둥지로 들어가려는데.

노래의 내용에 미루어 보면 그녀가 정부를 들인 일이 단순한 성욕 때문은 아님을 알 수 있다. 그런데 西晉(서진) 惠帝(혜제)의 황후 賈南風(가남풍)은 좀 특별한 경우다. 혜제가 태자였을 때 비였던 가남풍에게는 아들이 없었다. 이때 다른 두 궁녀가 태자의 아이를 임신 중이라는 사실을 알게 되었다. 분노한 그녀는 이들에게 찾아갔고 호위병이 들고 있던 대죽창을 빼앗아 이들의 가슴에 꽂았다. 두 궁녀는 끔찍한 죽음을 당했고 이 소문이 널리 퍼지자 궁의 어느 여자도 감히 태자에게 접근하지 못했다. 또 그녀에게는 가학성 변태성욕, 즉 새디즘적인 취향이 있었다. 가남풍은 자신의 욕구를 만족시키기 위해서 밤이 되면 젊은 남자를 궁 안에 들어오게 했다. 이렇게 함께 잠자리를 같이하고, 일이 끝나면 소문이 새어 나갈까 그 남자를 죽여 버렸다. 이 일은 마치 사마귀 암수가 번식을 위해 교미를 하는데 끝나고 나면 암컷이 수컷을 잡아먹는 현상을 연상케 한다. 사마귀 암컷은 번식에 필요한 영양을 보충하기 위해 수컷을 잡아먹는다고 한다.

역대 중국의 남자황제 가운데 여자를 노리개처럼 데리고 놀다가 마음대로 죽이거나 살리는 경우는 많이 보았다. 그러나 여성이 이렇게 한 경우는 흔치 않다. 물론 이것이 가남풍의 지나친 성욕이나 변태적 취향 때문에 일어난 일은 아니다. 그렇다면 가남풍의 이런 잔혹함을 어떻게 보아야 할까? 가남풍이라는 여성 개인의 경우지만, 여성도 권력욕이 강하고 성품이 잔혹하면 남자황제와 다름없는 일을 저지를 수 있음을 보여 주는 예가 되지 않을까?

그러나 언제나처럼 이 시기에도 황실에서 여성의 지위는 남자에 비할 바 못 되었다. 앞서 한 무제가 아들을 황태자로 옹립하면서 아들의 미래를 위해 어미인 구익부인을 죽였다는 이야기를 한 바 있다. 이후 중국에서는 아들을 황태자로 옹립하면 어미를 죽이는 풍습이 생겼는데 위진남북조시대 북위도 이를 본받아 몇 대에 걸쳐 이 제도를 시행했다. 그러나 宣武帝 元恪(선무제 원각: A.D 483~515)은 불심이 깊어 차마 모친을 죽이지 못한 채 황자 元詡(원후)를 태자로 옹립했다. 이후 이 제도는 다시 시행되지 않았다.

한편 위진남북조시대를 끝내고 隋(수)나라(A.D 581~618)를 건국해서 漢末(한말) 이래 400년간의 분열상태를 종식시킨 사람은 수 文帝(문제) 楊堅(양견)이다. 그는 재통일된 중국의 평화와 질서를 회복하기 위해서 정열적으로 활동했던 능력 있는 통치자였다. 그는 관리등용시험인 과거를 창설하여 관료기구를 정비하고 중앙집권체제를 강화하는 등 뛰어난 정치력을 발휘했다. 게다가 절대권력을 손에 넣은 황제답지 않게 향락과는 거리가 멀어서 아주 절제된 생활을 했다. 문제가 이처럼 근실했던 것은 강력한 파트너인 獨孤皇后(독고황후: A.D 553~620)의 역할 때문이기도 했다. 그녀의 이름은 伽羅(가라)였고 雲中(운중: 현재의 大同(대동)) 사람인데 北周 大司馬 獨孤信(북주 대사마 독고신)의 일곱 번째 딸이었다. 군벌 출신인 양견과 달리 그녀는 명문 출신이기에 양견이 함부로 대하지 못했다. 독고황후가 그랬던 것처럼 유목민족을 주축으로 하는 중국의 북방여성들은 활달하고 기백이 있어서 집안에서 남편을 휘어잡는 카리스마를 행사하는 경우가 많다. 온유한 남방여성과 달리 남편의 여자문제에 강한 압력을 가하여 제 주장을 관철한 독고황후는 건강한 북방 여성의 전형이었다.

독고황후는 겨우 열네 살의 나이로 양견과 정략결혼을 했지만 남편과 금슬이 좋았다. 문제가 황후에게만 마음을 쏟은 나머지 다른 궁녀들이 박대당했다고 사람들이 여길 정도였다. 사실 문제가 다른 궁녀들에게 마음을 주지 못했던 것은 황후에 대한 지극한 사랑 때문이 아니라 독고황후가 일부일처제를 제창하며 남편을 압박했기 때문이다. 어쨌든 두 사람은 금슬이 좋아 부부 사이에 난 5남 2녀는 모두 독고황후의 소생이었다. 옛 중국에서 이렇게 적자만 있고 서자가 없는 황제는 극히 드물었다.

그러나 양견이 권좌에 앉기 전에는 독고황후도 별로 제 목소리를 낸 적이 없었다. 그녀가 무서운 강단을 드러낸 것은 실권을 장악한 남편 양견이 운명이 걸린 선택의 기로에 섰을 때였다. 북주의 마지막 황제에게 제위를 물려받은 양견은 스스로 황제가 되느냐 마느냐 하는 갈림길에 서게 되었다. 이때 독고황후는 "이미 여기까지 온 이상, 호랑이 등에 올라탄 거나 마찬가지니까 도중에 내릴 수는 없습니다(騎虎難下)."라고 했다. 망설이는 남편을 질책하는 아내의 말에 양견은 용기를 얻어 결단을 내렸다.

수왕조가 수립된 뒤 문제가 조정에 나가면 독고황후는 가마를 타고 동행했다. 공식적인 자리에서도 문제 뒤에는 반드시 독고황후가 있었다. 회의에 동석하지는 않았지만 궁궐 문밖에서 기다리면서 환관을 통해 조정 상황을 탐색했다. 문제가 잘못된 판단을 내릴 기미를 보이면 당장 환관에게 지령을 내려 주의를 주었다. 회의를 마치면 문제는 궁궐 문에서 기다리고 있던 독고황후와 만나 함께 내전으로 돌아가곤 했다. 또 평소에도 그녀는 문제에게 충심으로 간언하여 좋은 의견을 많이 내놓았다. 궁중에서는 이런 문제와 독고 황후를 가리켜 '二聖(이성: 두 명의 성인)'이라고 불렀다.

두 부부의 수십 년 결혼생활 중 위기가 없었던 것은 아니다. 양견이 수나라를 건국할 때 북주의 옛 장수 尉遲逈(위지형)이 군대를 일으켰는데 양견에게 패했다. 양견은 그 손녀를 궁중에 가두고 궁녀로 삼았다. 절세미녀인 그녀는 양견의 마음을 사로잡았다. 양견은 감정을 억제하지 못하고 따로 찾아오겠으니 술시중을 들라는 약속을 했다.

이튿날 양견은 위지형이 있는 仁壽宮(인수궁)으로 달려가 어제 맺은 인연을 이어가려고 했다. 그러나 그가 들은 소식은 예상치 못한 것이었다. 오전에 독고황후가 오더니 그녀에게 혹형을 가해 죽였다고 했다. 몹시 화가 난 양견은 수행원도 거느리지 않고 말을 몰아 성을 나섰다. 양견은 눈물을 흘리며 말을 달려 깊은 산속으로 들어가 버렸다. 아내에 대한 반발로 양견은 천하를 제쳐 놓고 나가 버린 것이다. 高頻(고경), 楊素(양소) 등 대신들은 사람을 대동하여 황제를 찾으러 나섰다. 말을 타고 달리는 양견을 멈춰 세우고 어서 조정에 복귀해 달라고 했다. 양견은 억울한 듯 눈물을 흘렸다.

"짐은 천자로 존귀하건만 자유를 얻지 못했구나."

그러자 고경이 간언했다.

"폐하께서는 일개 여자 하나 때문에 천하를 가벼이 여기십니까?"

이 말에 마음을 돌이킨 문제는 분노가 가라앉기를 기다린 뒤 말을 돌려 한밤중에야 궁궐로 돌아왔다. 중국을 새로 통일한 황제가 궁녀 하나 마음대로 들이지 못하고 궁을 나간 것을 보면 독고황후의 위세를 알 만하다.

독고황후는 자기 남편뿐 아니라 주위 사람들에게도 일부일처라는 도덕적 평가의 척도를 들이댔다. 제후들이나 조정의 신료가 첩을 들여서 임신이라도 시키면 그녀는 양견이 면전에서 엄하게 질책하도록 했다. 남편과 대등한 관계로 지내는 것을 좌우명으로 삼은 독고황후

隨 文帝(수 문제) 杨坚(양견)

는 남편을 옭아맸을 뿐만 아니라, 고경의 사례에서 알 수 있듯이 여자관계가 단정하지 못한 사람은 친족과 중신은 물론 아들까지도 증오하고 배척했다. 그의 아들인 태자도 황후의 이런 방침에 따르지 않았기에 폐위되었다. 당시 황태자 楊勇(양용)은 모친의 이런 척도에 신경을 쓰지 않고 동궁 안에서 본처를 학대하고 첩을 두고 지냈다. 그러다가 태자비가 갑자기 사망하게 되는데 이즈음 태자가 가장 총애하던 첩 云氏(운씨)가 회임했다. 태자비의 죽음과 운씨의 회임이 상관이 있는 것은 아니지만 독고황후는 태자가 첩 때문에 태자비를 죽게 내버려 두었다고 해서 폐위한 것이다.

이후 독고황후는 언뜻 착실해 보이는 둘째 아들 晉王 楊廣(진왕 양광, 569~618년)의 편을 들었다. 독고황후는 양광이 아내인 蕭氏(소씨)만 총애하는 줄 알고 있었다. 그러나 양광은 몰래 첩을 두고 자식까지 낳아 두고 있었고, 독고황후의 눈치를 보며 자신의 본성을 감추고 있을 뿐이었다. 명문가 출신으로 단순한 데가 있는 독고황후는 이런 애처가의 모습을 보여 주는 양광에게 혹해서 그를 황태자로 올리라고 문제를 설득했다. 어머니의 이런 심경을 알게 되자 양광은 점점 더 근엄한 성군의 흉내를 냈다. 문제와 독고황후가 양광의 저택에 함께 찾아오면 미녀들은 모두 별실에 숨겨 놓고 늙은 여자와 추녀들만 보이게 하여 독고황후의 환심을 샀다. 또 먼지투성이의 악기를 일부러 눈에 잘 띄는 곳에 늘어놓아 향락과는 거리가 멀다는 것을 보여 주었다.

양광이 더욱 부모의 환심을 산 것은 남조의 陳(진)나라를 공략할 때 총사령관으로 출전하여 대승을 거두었기 때문이다. 진의 後主(후주: 마지막 황제)는 궁녀가 나체로 춤추는 것을 즐기는 등 주색을 좋아하여 장귀비와 공귀빈 등 부인 1,000여 명과 함께 동이 틀 때까지 술을 마시며 즐겼다고 한다. 이처럼 북조 황제들 중에는 주색으로 몸을 망친 사람이 많았는데 한족의 왕조인 남조 황제들의 향락 또한 다를 바 없었다. 수와 진의 전쟁에서 양광은 명목상 총사령관이었을 뿐 실전에는 전혀 관여하지 않았다. 이 전쟁에서 진나라 수도 建康(건강: 현재의 남경)이 함락되었을 때 진나라의 後主(후주: 마지막 황제) 叔寶(숙보)의 후궁 張貴妃(장 귀비)는 겁이 나서 우물 속에 숨어 있었다. 병사들이 우물 속에 숨은 숙보를 발견하고 밧줄을 늘어뜨려 끌어올리는데 이상하게도 무거웠다. 힘들게 겨우 끌어올리니 숙보에 이어 장 귀비와 공 귀빈이 함께 올라왔다. 그래서 밧줄이 무거웠던 것이다. 이렇게 양광은 진의 장 귀비를 포로로 잡게 되었다. 그런데 장 귀비가 절세미인인 것을 보고 탐을 낸 양광은 그녀를 자기 첩으로 삼으려 했다. 그러나 중신 고경은 '미인은 재앙의 씨앗'이라고 반대했고 결국 장 귀비는 처형당하게 되었다. 이 일로 양광은 고경에게 반감을 가지게 되었다.

아무튼 황음 무도한 황제는 나라를 망하게 하는 법이다. 이런 행태에 미루어 보면 일부일처에 대한 독고황후의 결벽증은 남북조시대를 뒤덮은 남성들의 향락에 대한 거부반응이었다고 할 수 있다. 이후 고경은 황태자 양용을 폐하고 양광을 세우는 데도 반대하는 등 사사건건 독고황후나 양광과 충돌이 있었다. 독고황후가 원래부터 고경에게 나쁜 인상을 가지고 있던 것은 아니다. 고경은 원래 수나라의 개국원로였고 독고황후의 친정과도 깊은 교분이 있었다. 그 자신의 덕망이 높았지만 일부일처라는 독고황후의 방침은 그를 옭아매는 족쇄가 되었다. 고경의 본처가 세상을 떠나면서 일어난 일이다. 당시 재상의 자리에 있던 고경은 아내를 여읜 충격에 벗어나지 못했다. 그래서 그는 독고황후 앞에게 슬프게 말한 적이 있다.

> "거문고 줄이 갑자기 끊어진 듯하니, 오직 집에 거하며 경전을 외울 따름입니다."

애처가의 고백처럼 들리는 이 말에 독고황후는 큰 감동을 받았다. 그런데 오래지 않아 재상의 집에서 잔치를 벌인다는 소식이 들려왔다. 재상에게 첩이 있었는데 그가 아들을 낳아서 축하연을 연다는 것이다. 수문제는 재상이 말년에 아들을 얻은 것을 축하해 주었다. 그러나 독고황후는 그가 첩 사이에 아들을 낳았다는 말에 화가 머리끝까지 치밀어 올랐다. 과거 황제가 궁녀 문제로 궁을 나갔을 때 돌려 세우며 고경이 자기를 '일개 여자'로 비하했고 여자 때문에 천하를 포기할거냐고 한 데 대해서도 반감을 품고 있던 차였다. 고경이 처가 죽었을 때는 자기 앞에서 슬프게 애도하더니 표리부동하게도 첩과의 사이에 아들까지 낳았으니 말이다. 이처럼 고경이 실각한 데는 독고황후의 미움뿐 아니라 양광의 반감도 작용했다고 할 수 있다.

양광의 반감을 등에 업고 독고황후는 문제에게 고경의 잘못을 이러쿵저러쿵 이야기했다. 황후의 계속된 간언을 견디지 못하고 결국 문제는 공직생활 20년에 개국의 공로가 혁혁한 재상 고경을 파직하게 된다. 그 명분은 '표리부동하니 신임을 받지 못한다'는 것이었고 고향에 돌아가 요양하며 살도록 했다. 그러나 독고황후의 이런 고집은 역사가 조익의 붓끝에서 달갑지 않게 기록되었다.

"예부터 궁중에서 이름난 황후 가운데 수나라의 독고황후를 넘어선 사람은 없다. 자기 일로 질투하는 것뿐만 아니라 신하가 첩을 두는 것에까지 질투를 할 정도였다."

그래서 훗날 세인들에 의해 독고황후는 질투의 경지를 넘어 '奇妒(기투: 이상한 질투)'라고 불리게 되었다. 그러나 사서에 따르면 분명 독고황후는 유순하고 공손하며 겸손히 자신을 낮출 줄 알았다고 한다. 평소 생활은 근검절약하여 화려함을 좋아하지 않고 오로지 책 읽기를 좋아하여 고금에 걸쳐 박학다식했다고 한다. 그녀를 유달리 질투심이 많은 여자로 본 것은 가부장적인 남성들의 편견이었을 뿐이다. 그러나 독고황후의 결벽증은 지나친 면이 있었다. 심한 결벽증으로 아들 양광의 본래 모습도 제대로 보지 못하였으니 양광은 어머니의 적극적인 지지로 태자의 자리에 오르게 된다(600년). 그가 바로 수나라 제2대 황제 煬帝(양제)다. 그러나 양제는 남북조의 방탕한 천자들의 결합이라고 할 정도의 쾌락주의자였다.

태자에 오른 양제는 본래 모습을 드러내기 시작했다. 602년 8월에 독고황후가 죽자, 양제는 더 이상 금욕주의자인 척하지 않았다. 아버지가 병상에 누워 있는 상황에서 그동안 눈독을 들여 온 아버지의 후궁, 선화부인 진씨를 범하려 했다. 이 소식을 들은 양견은 아들을 문책하려 했으나 병상에 누운 몸으로 어찌할 수 없었다. 양광은 이 소식을 듣자 아버지 문제를 죽이고 스스로 황제가 되려는 마음을 품었다. 그는 尙書右僕射(상서우복야) 越國公(월국공) 楊素(양소)와 논의한 뒤, 侍從武官長(시종무관장) 張衡(장형), 장군 宇文述(우문술) 등을 대동하여 그날 밤 장안 인수궁 대보전에서 아버지를 시해하는 패륜을 저질렀다. 뿐만 아니라 황태자였다가 폐위된 형 楊勇(양용)에게는 조작된 아버지의 유언장을 보내서 자결을 강요했다. 양용이 겁을 먹고 자결하지 않자, 자신의 근위장 宇文智及(우문지급)을 보내 형까지 목졸라 살해했다. 일설에는 형이 죽은 뒤 형수를 빼앗았다고도 한다. 어

隨 煬帝(수 양제)

짰든 양광이 자신이 눈독 들이고 있던 아버지의 후궁인 선화부인 진씨를 강제로 범한 것은 분명하다. 양광은 이런 패륜행위를 행한 끝에 제위에 오른 것이다.

煬帝(양제)의 본래 묘호는 世祖(세조)며 시호는 明皇帝(명황제)이나 수나라가 망하고 唐(당)에서 올린 시호인 '煬帝'로 불린다. '煬'은 악한 황제를 가리키는 시호이니 당에서 그를 폄하하려고 붙인 시호임을 알 수 있다. 황제로 즉위한 양제는 項升(항승)을 시켜 수만 명을 동원해 대규모 토목공사를 벌였다. 진시황이 축조했던 만리장성을 새로 쌓게 했으며 아버지 문제가 중단시킨 대운하 공사도 재개시켰다. 이 대운하는 涿郡(탁군)에서 杭州(항주)까지 이어지는 대공사였다. 그 결과 백성들에게 과도한 부담을 지우게 되었다.

≪雲仙雜記(운선잡기)≫라는 책을 보면 수양제가 呑花臥酒(탄화와주) 놀이를 했다는 기록이 있다. 탄화와주란 꽃과 술을 즐기며 노는 풍류를 뜻한다. 굳이 수양제가 탄화와주의 주인공이 된 것은 그가 수많은 미녀를 섭렵하고 방탕한 놀이판을 벌인 데 연유가 있을 것이다. 중국인들은 좋은 술을 靑州從事(청주종사), 나쁜 술을 平原督郵(평원독우)라 불렀다. 수양제는 좋은 술인 청주종사를 마시며 황하로부터 양자강을 잇는 수로에 龍舟(용주)를 띄우고 노는 사치생활을 했다. 용주는 길이 200척에 상갑판에 집회소가, 중갑판에 120개의 선실이 있는 4층이었다고 전해진다. 여기서 수나라 최고의 어의인 楊上善(양상선)이 만든 ≪黃帝內經太素(황제내경태소)≫라는 책에 있는 성적 기교를 시험하며 여인의 몸을 탐했다. 그런데 대운하가 양제의 사치스러운 뱃놀이에만 사용된 것은 아니었다. 대운하는 남북을 잇는 역할을 하여 강남의 물자가 북방으로 쉽게 운송되어 남북융합에 크게 이바지했던 것이다.

양제는 수도 장안 외에 낙양에 東京(동경)을 짓게 했다. 각지에서 희귀한 석재와 목재를 수집해 낙양으로 보냈으며 월 2백만 명의 백성을 동원하였다. 그러나 이 과정에서 수십만 명의 사람들이 죽어 나갔다. 또 낙양의 서쪽에는 西苑(서원)이라는 큰 정원을 건설했는데 그 주위를 90㎞ 남짓 에워쌌으며 중앙에는 5㎞ 정도 솟아오르게 하여 三神山(삼신산)을 만드니 크기가 1.3헥타르나 되었다. 이것은 지상의 황제로서뿐만 아니라 신선으로서 선녀와 유희를 즐기고 싶다는 발상에서 나온 것이었다. 그 안에 바다를 만들고 3개의 인공 섬을 만들었으며 여러 정자와 누각을 지었다. 그 바다의 북쪽에는 龍鱗渠(용린거)라는 수로를 만들어서 물이 바다로 흘러 들어오게 만들었고 그 물줄기를 따라 16개의 정원을 또 만들었다. 이런 서원의 모습은 가히 장관이었다고 전해진다. 정원에는 각종 희귀 동물을 사육하여 양제가 즐기도록 했고, 밤에는 미녀들과 같이 어마어마한 연회를 베풀었다.

이런 극심한 폭정으로 인해 백성들은 토목공사나 전쟁(고구려 원정 등)에 동원되어 죽느니 불구로 사는 것이 낫겠다고 하여 스스로 팔이나 다리를 잘라서 노역이나 징집을 면하고자 했다. 팔이나 다리가 잘린 사람은 노역이나 징집에서 면제되기 때문에 福手福足(복수복족)이라는 말이 생겨나기도 했다.

수양제의 향락은 그 기발함에서 타의 추종을 불허한다. 그는 건축가에게 이동식 궁전을 짓게 했다. 觀風行殿(관풍행전)이라는 이 궁전은 조립과 해체가 가능했으며 수백 명을 수용할 수 있었다고 전해진다. 미녀들은 때만 기다리다가, 황제가 근방에 와서 차출되어 나가면 이동용 성전인 행궁에서 익혔던 기교를 발휘해서 황제에게 즐거움을 선사했다고 한다.

한편 동교와 양주를 잇는 남북의 신도에는 離宮(이궁)을 세웠다. 이 궁은 황궁과 떨어져 있는 별장 비슷한 궁전으로 운하 기슭에 48개가 넘는 별궁을 따로 마련한 것이다. 이렇게 지어진 궁전은 기이하고 정교해서 한번 길을 잘못 든 사람은 종일 나올 수 없었다. 양제는 신선이 그 안에서 노닐어도 길을 잃을 것이니 迷樓(미루)라고 부르자고 했다. 안에는 네 개의 방이 있는데 봄에는 散春怨(산춘원)에서 쉬고, 여름에는 夜酣香(야감향), 가을에는 延秋月(연추월), 겨울에는 醉忘歸(취망귀)라는 전각을 전전했다. 양제는 한번 들어가서 몇 달을 지내기도 했다. 여기에 양가집 여인 수천 명을 데려다 누각 안에서 지내게 했는데 이들은 14~19세의 꽃다운 미인들이었다. 이들은 대부분 평민 출신들로 별궁에서 환관, 학사들이 가르치는 방중술을 익혔으니 미루는 섹스 전용의 궁전인 셈이다.

미루 안에는 섹스 전용의 수레가 통로를 따라 굴러다녔다. 황제가 지방으로 여행을 나갈 때는 섹스 전용의 수레를 조립식으로 만들어 싣고 다녔다. 일단 목적지에 도착하면 싣고 온 물건들은 조립이 되어 훌륭한 안방침대로 둔갑을 했다. 그런 상태에서 何姿(하타)라는 자가 재미있는 수레를 헌상했는데 御女車(어녀거)라는 것이다. 수레의 모양은 앞바퀴의 폭은 넓고 큰 반면 뒷바퀴는 작았다. 양제는 이 수레에 여인을 태웠는데 '어거녀'라 불렀다. 동서남북 사방에 금방울과 은방울을 늘어뜨린 채, 통로를 따라 수레가 구르면 아름답고 경쾌한 소리가 울려 퍼졌다.

하타의 조카 何稠(하조)도 수레를 진상했다. 御女童車(어여동거)라는 이름인데 한 사람이 겨우 탈 수 있을 정도의 넓이로 좁았다. 그 안에는 여자의 손과 발을 채우는 장치가 있었다. 양제는 처녀를 태워

시험해 보고는 매우 기뻐했다. 하조에게 천금의 상을 내리고 칭찬했다. 하조는 또 전동장치로 움직이는 수레를 진상했는데 수레 안에서 여자와 교접하면 수레가 저절로 움직였다. 바퀴를 굴려 수레바퀴를 끌면 누각을 평지처럼 올라갈 수도 있었다. 양제가 더욱 기뻐하며 그 이름을 물었다. 하조가 임의로 만들어서 아직 이름이 없다고 하자 양제는 任意車(임의거)라는 이름을 내렸다. 임의거는 미루 속을 이리저리 나아갈 때 절로 흔들리며 동작하는 수레였다. 임의거에는 상아 줄로 만든 그물이 수레 휘장으로 드리워졌고 편옥이 달려 있어서 움직일 때마다 딸랑딸랑 소리가 났다. 그래서 안에서 나누는 대화나 소리가 밖에는 들리지 않았다.

양제는 화공에게 남녀가 성행위하는 그림 수십 폭을 그리게 해서 미루에 걸어 놓았다. 그러자 上官寺(상관사)라는 자가 검은 구리로 병풍 수십 폭을 만들어 진상했다. 높이가 5척이고 넓이가 2척인데 잘 문지른 거울로 병풍을 만든 것이다. 양제는 이를 미루의 침소에 둘러치게 했고 그 안에서 여인들과 관계를 가지니 거울에 그 모습이 비쳐 보였다. 양제는 기뻐하며 그림으로 보는 장면이 아니라 실물 그대로라며 감탄했다. 양제는 상관사에게도 천금을 하사했다. 이 거울방은 萬畵鏡室(만화경실)로 불린다. 당시에 벌써 이런 성기구를 만들어 썼다는 것은 놀라운 사실이다. 당송연간에 韓偓(한악)은 ≪迷樓記(미루기)≫를 지어 양제가 후궁들과 노닐었던 일을 기록하고 있다.

또 채화, 채접사라는 황실에서 파견한 미녀수집단이 있었다. ≪隋煬帝艶事(수양제염사)≫라는 책을 보면 수양제는 서른아홉의 나이로 죽을 때까지 민간의 처녀들을 가려 뽑아 즐겼다고 한다. 대개 鴻象未判(홍상미판)이라고 부르는 나이 열넷에서 未經産育(미경산육)이라는 열아홉 이전의 처녀들이었다. 중국의 역대 황제들은 대부분 규방의 규수보다는 민간처녀들을 더 좋아했다. 그것은 격식으로 똘똘 뭉친 명문대가의 여인보다는 쉽게 다룰 수 있어서일 것이다. 이렇게 수양제가 수많은 여인들 속에 묻혀 살아서 그랬는지 侯夫人(후부인)이라는 여자가 목매 자살하는 일이 발생했다. 당대의 전기소설인 ≪미루기≫에도 이 일이 기록되어 있다. 후부인의 시신을 발견한 사람들이 시신의 몸을 뒤지자 시 몇 수가 나왔다. 그중 절명사의 한 부분을 살펴보면 다음과 같다.

군왕의 성은은 실로 멀어져서 소첩은 마음만 괜스레 방황하네
집에 어찌 가족이 없으랴, 양친은 북당에 계신데
여기에 날개 없으니, 무슨 수로 높은 담장을 벗어나리?
목숨은 실로 소중한 것이나 버림받은 것이 정말 가슴 아플 뿐.
붉은 기둥 위에 비단 걸어 놓으니, 애간장 끓어오르네.
목을 드리우니 또 스스로 안타깝고, 마음에 걸리는 것 그래도 남아
있네.
의연하게 죽음으로 나아가, 저승으로 돌아가리.

일설에 의하면 수양제는 이 시를 보고 계속 마음 아파했다고 한다. 그래서 許廷輔(허정보)라는 관리에게 이렇게 아름다운 여인을 어찌 추천하여 미루로 보내지 않았냐며 심히 질책하고 자결할 것을 명했다. 자신의 여성편력으로 버림받은 여인이 자결하자 아랫사람에게 책임을 지우고 그까지 죽게 한 것이다. 그 다음에 양제는 악부에 명하여 후부인의 시를 노래하게 했다. 이렇게 후부인의 시 몇 수가 세상에 알려지고 전해지게 되었다. 이런 일에 미루어 보면 수양제의 감성을 느낄 수 있는 듯하지만 사실은 수많은 노리개 중 하나를 잃어버려 안타까워한 데 지나지 않을 것이다.

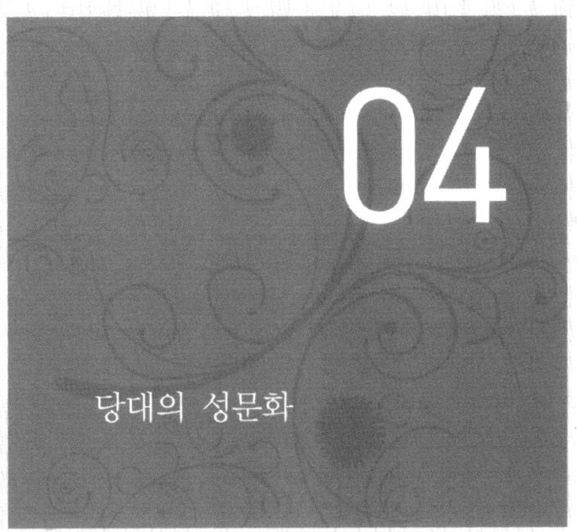

1. 당의 건국과 향락문화

2. 황제의 여인들

3. 황실 여인의 사랑

4. 당대의 성과 사랑

1. 당의 건국과 향락문화

수나라 말기의 혼란을 수습하고, 당나라를 세워 장안을 수도로 삼은 사람은 당 高祖(고조) 李淵(이연)이다. 이후 중국 봉건시대의 황금기를 연 사람은 당 태종 李世民(이세민)이다. 그의 이름 '세민'의 본래 뜻은 濟世安民(제세안민), 즉 세상을 구하고 백성을 편안케 하라는 뜻이다. 실제로 그는 총명하고 사리가 깊었으며 결단력과 포용력을 갖춘 인물이었다. 이세민은 무술과 병법에도 대단히 능하여 뛰어난 장군이자 정치가, 전략가, 서예가였으며 중국 역대 황제 중 최고의 성군으로 불리기에 청나라의 강희제와 줄곧 비교된다.

이세민은 황제에 오르자 수나라 말기 대동란의 교훈과 수문제의 성공한 통치경험을 절충했다. 농민들에게 균등히 토지를 나누어 주어서 조·용·조 제도로 세금을 걷었다. 이 제도는 토지를 받은 사람이 국가에 수확물과 직물을 바치고 1년 중 20일은 국가를 위해 일하게 하는 것이다. 이로써 당제국은 풍족해지고 민생은 안정되었다. 또 당 태종은 과거제도를 실시하여 인재를 선발했고 군사제도는 징병제를 시행했다. 동시에 관리제도를 정돈하고 기구를 개혁했다.

당 태종 李世民(이세민)

　3년마다 있었던 진사 등용시험은 유교경전을 중심으로 이루어졌는데 이 시험을 통과한 사람은 출세의 가도에 올랐다. 당나라 때는 유학자들이 정치에서 큰 영향력을 행사했다. 그러나 이세민의 문화관념은 개방적이어서 유교뿐만 아니라 불교, 도교 3가를 고루 중시했다. 따라서 궁중을 비롯한 대중의 일상생활에서 유교의 가르침만이 크게 중시된 것은 아니었다.

　이렇게 인재를 등용시키게 된 당나라는 나날이 강성해져 갔으며, 백성들도 태종의 통치를 우러러 보게 되었다. 또한 태종은 적의 수하에 있었던 인물이라 할지라도 능력이 뛰어나면 자기 사람으로 받아들였다. 일례로 태종은 과거에 형 李建成(이건성)의 편에 서서 자신을 시해하려고 했던 魏徵(위징)을 자기 사람으로 만든 바 있다. 태종의 수하에서 위징은 명재상이 되어 중국을 안정시켰다. 태종은 신하들이 자기에게 듣기 싫은 말을 간언해도 화내지 않고 잘 받아들여 국가와 백성들을 위해 좋은 정책을 시행하도록 애썼다.

　이런 조치들로 인해 백성의 부담은 경감되고 생산은 촉진되어 국력이 강화되었다. 이 시기 당태종의 치세는 연호를 따서 '貞觀(정관)의 治(치)'라고 칭송을 받았는데 후세 제왕들의 모범이 되었다. 630년 이세민은 동돌궐을 정벌하여, 天可汗(천가한), 즉 천하의 칸 중의 칸이라는 칭호를 얻었으며, 중앙아시아까지 정복해 당의 영토를 수나라 때의 2배로 넓혔다. 바야흐로 당왕조는 세계제국으로서 위용을 과시하게 된 것이다. 이렇게 당태종은 당대문화의 번영을 위해 필요한 모든 여건을 마련해 두게 되었다.

　당나라 때는 종교, 문학, 미술 등 각 분야의 다채로운 문화가 발달한 황금시대였다. 문학으로는 李太白(이태백), 杜甫(두보) 등의 시가 유명하다. ≪狂人日記(광인일기)≫, ≪阿Q正傳(아Q정전)≫ 등을 지은 20세기 중국의 대문호 魯迅(노신)이 "모든 좋은 시는 당나라 사람이 이미 지었더라."고 했을 정도로 당나라는 시의 시대로 불린다.

당나라 수도 長安(장안)은 눈부시게 번성했다. 장안은 중국은 물론 외국에서 몰려온 상인들로 북적댔다. 청운의 뜻을 품은 각 지방 사람들이 속속들이 수도 장안으로 몰려들었다. 또 종교인, 예술인 등 각양각색의 사람들도 저마다의 목표를 가지고 장안에 머물렀다. 이런 각계각층 사람들의 욕구를 충족시켜야 했으므로 장안에는 술집과 사창가도 전에 없이 번성했다. 앞서 기녀의 효시라 할 수 있는 '女樂(여악)'이 생겨난 것은 춘추전국시대였는데 돈을 받고 몸을 파는 매춘은 당나라 때 본격화되었다. 그리고 직업적인 창기로는 官妓(관기)와 家妓(가기)가 있었다. 관기는 관에서 관리하는 기녀고, 가기는 개인 소유의 기녀였다.

기녀는 권력자의 세력을 나타내는 또 다른 척도였다. 당시 사대부는 집에 개인 소유의 기녀를 두어서 노래 부르게 하고, 손님을 접대하며 자신도 함께 즐길 수 있었다. 집에 기생을 두는 것은 전혀 이상한 일이 아니라 오히려 고상한 일로 치부되었다. 유명한 시인 李太白(이태백), 白居易(백거이) 등도 가기를 두었고, 엄격한 유학자 韓愈(한유)도 絳桃(강도)와 柳枝(유기)라는 가기를 두었다. 또 한편 자신의 지위를 유지하거나 더 높이기 위해 관리들은 자신의 동료들, 상사들과 부하관리들에게 빈번하게 접대를 했고, 부유한 상인들은 중요한 거래를 준비하고 매듭짓기 위해 사업관계자들을 접대했다. 접대에서 빠질 수 없는 존재가 바로 기녀였다.

주목할 점은 당대에 창기가 합법적인 직업으로 여겨졌다는 사실이다. 기생은 妓籍(기적)이라는 등록부에 등록을 해야 했고 나라에서 허가한 구역에서 거주를 했으며 이들을 고용해 장사하는 사람들은 세금을 냈다. 또 이들은 직업에 필요한 다양한 기예를 혹독하고 엄격하게 훈련받았다. 기녀들은 단순히 성적 욕구를 충족시키는 역할뿐만 아니라 대화에서 재치 있는 대응은 물론 가무나 글과 그림에도 뛰어나야 했다. 따라서 기녀는 외모나 육체적 매력뿐만 아니라 기예의 실력으로 등급이 매겨졌다. 당시 유명한 고급 창기들 가운데 외모가 특별히 뛰어나지 않은 여자가 있었던 것은 이런 연유에서이다. 고급 창기들은 사회에서 인정받는 지위였기에 자부심이 있었고, 그들의 직업은 아무런 오명도 붙지 않은 합법적인 일로 여겨졌다. 하급의 창기들과는 달리 그들은 사회적 불이익을 당하지 않았으며, 모든 공적인 행사에 이채로운 모습으로 나타났다. 당대 문인들의 행락을 묘사하는 수많은 시들 중에 '기녀들을 데리고 모처에 유람 가서 짓다'는 식의 제목이 흔한 데서도 당시의 통념을 알 수 있다.

2. 황제의 여인들

당나라가 중국 봉건시대의 황금기를 열게 되면서 황궁의 생활도 전례 없이 호화로워졌다. 황제는 수많은 여자를 거느렸고 이 여인들은 모두 궁궐에서 살았다. 당나라 궁중제도에 의하면 황제는 황후 외에도 121명까지의 여자를 아내로 둘 수 있었다. 첫 번째 서열은 황후, 두 번째 서열로는 정1품의 벼슬에 해당하는 貴妃(귀비), 淑妃(숙비), 德妃(덕비), 賢妃(현비)가 있었다. 세 번째 서열로는 정2품의 벼슬에 해당하는 嬪(빈)이 9명, 네 번째 서열로는 정6품 여인들이 27명, 다섯 번째 서열로는 후궁이 81명 있었다. 이 가운데 황제의 여인들 가운데서는 황후가 가장 으뜸이었다. 또 공식적인 부인은 아니지만 6局(국)에 속하는 수만 명의 궁인들이 있었다. 진 무제 때는 약 1만 명 가까운 여인들이 궁궐에서 살았지만 ≪新唐書(신당서)≫, <宦者列傳(환자열전)>에 따르면 중국 역사상 가장 황금기라고 할 수 있는 당 현종의 開元(개원)과 天寶(천보) 연간에는 궁빈이 4만이었다고 한다.

그런데 중국의 황제는 이 여인들 아무나와 잠자리를 갖는 것이 아니라 규칙에 따라 잠자리 상대가 정해졌다. 황실에는 황제의 잠자리를 감독하는 관리가 있었는데 황제가 황후를 포함한 여인들과 합방하는 규칙은 달이 차고 기우는 데 따라 정해졌다. 황제는 해를 상징하고 황후는 달을 상징한다고 보았기 때문에 황제는 달의 모습과 후궁의 서열에 따라 날을 정해 합방했다. 달이 점점 차오르면 황제는 낮은 서열의 후궁에서 점차 높은 서열의 후궁으로 옮겨 가다가 음력 15일 보름달이 되면 황후와 잠자리를 했다. 황후와 잠자리에 들기 전 낮은 서열에서 점점 높은 서열의 후궁으로 올라와야 황제의 힘이 증진될 수 있다고 믿었던 것이다. 만월이 되었을 때 남성과 여성의 우주적인 상징은 완벽한 조화를 이룬다고 보았다. 그런 다음 달이 기울면서 다시 낮은 서열의 후궁으로 옮겨 갔다. 음력에는 31일이 없으므로 제외되지만 30일 동안 황제는 다음과 같은 일정에 따라 움직였다.

1~9일: 다섯 번째 서열의 후궁들 가운데서 매일 9명의 후궁
10~12일: 네 번째 서열의 후궁들 가운데서 매일 9명의 후궁
13일: 세 번째 서열의 후궁 9명
14일: 두 번째 서열의 후궁 4명

15~16일: 황후
17일: 두 번째 서열의 후궁 4명
18일: 세 번째 서열의 후궁 9명
19~21일: 네 번째 서열의 후궁 27명
22~30일: 다섯 번째 서열의 후궁 81명

황제가 황후, 후궁들과 돌아가며 합방할 수 있도록 한 이런 규칙은 주왕조 이래 삼천 년 동안 지속되었다. 황제와 동침하도록 뽑힌 여인은 몸에 실오라기 하나 걸치지 않고 환관이 보는 앞에서 완전히 발가벗었다. 여인이 알몸이 되면 이불로 둘둘 말아 환관이 등에 업고 황제의 침소로 데려갔다. 황후를 제외한 모든 여인이 이렇게 했는데 이것은 여인이 몸에 흉기를 지니지 못하게 하는 것으로 당대뿐만 아니라 명청대에도 존재했던 오랜 중국 궁중의 관행이었다.

그러나 월경 중인 여인과의 합방은 금지되었다. 월경 중인 여인의 이마에는 붉은 연지를 찍어 월경 중임을 표시하였다. 또 황제와 관계를 가진 여인을 기록한 장부가 만들어져서 합방 여부가 세세하게 기록되었다. 이 장부에는 황제와 관계를 가진 여인의 이름과 날짜, 임신의 징후 등이 붉은색의 먹물로 신중하게 기록되었다. 또 여인들은 오른손에 은반지를 끼고 있다가 황제와 관계를 가진 다음부터는 왼손에 그 반지를 바꾸어 끼었다. 다음에 황제가 보아도 알 수 있게 하기 위해서였다. 만약 임신을 하게 되면 그 반지는 금반지로 바뀌었다.

황제의 여인들이 성은을 입고자 서로 경쟁하는 혼란과 거짓 주장을 막기 위해 당대에는 새로운 방법이 도입되었다. 그것은 황제와 관계를 가진 여인들의 팔에 도장을 찍도록 한 것이었다. 이 도장은 잘 지워지지 않도록 적갈색의 연고처럼 만들어진 것으로 '風月(풍월)'이라고 불렀다. 황제의 성은을 입지 못한 여인들은 어떻게 하면 풍월을 한번 받아 볼까 눈물겨운 노력을 기울였다. 궁녀가 수만 명이나 되니 황제 얼굴도 한번 못 보고 늙어 가는 것이 그녀들 대다수의 운명이었다.

또한 황후는 황제와 함께 밤새 머무를 수 있었지만 나머지 여인들은 자정 이전에 황제의 방에서 나와야 했다. 황제는 새벽에 일어나 대신들을 접견해야 하기 때문에 자정이 되기 전까지만 여인들과 함께 있을 수 있었다. 자정이 되면 황제의 방 바깥에 있던 환관이 소리쳤다.

"시간이 되었습니다."

황제가 아무런 반응도 보이지 않으면 환관은 거듭 소리쳤다. 세 번 소리쳤는데도 동침한 여인이 나오지 않으면 환관은 황제의 방에 들어가 여인을 끌어낼 수 있었다. 개인의 성생활에 대한 이런 지나친 간섭은 사실 황제가 과도한 방사로 건강을 해치지 않도록 하기 위해서였다. 그러나 밤마다 민간의 여인들을 찾았던 황제도 있었던 만큼 합방에 있어서 이런 엄격한 의례가 반드시 준수되었던 것은 아니다.

어쨌든 황제의 성생활에 대한 묘사는 百行簡(백행간)의 ≪天地陰陽交歡代樂賦(천지음양교환대락부)≫에 생생하게 나타나 있다. 그 내용을 살펴보기로 하자.

> 황제에 대해 말해 보자. 그들이 조정에서 퇴궐하여 서궁으로 돌아갈 때 앞에는 의관을 정제한 아름다운 시녀가 길을 인도하고 뒤에는 향내가 진동하는 궁녀들에 둘러싸여 있다. 내궁의 시녀들과 시종들도 황급히 나와 영접을 한다. 뒤뜰에 도착하면 梨園(이원)의 樂

師(악사)가 계속하여 심금을 울리는 음악을 연주하고 황제가 上林
園(상림원)에 새로 진상된 마름열매를 맛보면 그 뒤 환관의 엄밀한
호위 아래 궁녀들이 식사를 올린다. 전문 궁인들이 술자리 시중을
들면 황제는 식사를 하며 가무 공연을 감상한다. 술과 음식을 배불
리 먹은 뒤에는 모든 비빈들이 천자와 교합하는 아름다운 꿈을 꾸
러 갈 수 있고 황후와 동침할 수도 있을 것이다. 그리하여 시중들
이 궁녀를 선택하면, 휘장을 걷어서 침상에 오르게 된다. 옥처럼,
꽃처럼 아리따운 후비와 쾌락을 즐기게 되는 것이다. 이때 성은을
입는 후비의 두 눈이 게슴츠레하고 눈썹이 부끄러움에 휘어진 것
이 보인다. 황제와 함께 껴안으니 곁에서 시중드는 궁녀들이 앞뒤
에서 거들고 좌우에서 붙잡아 준다. 얼굴을 들어 태자 때부터 총애
하던 후비와 즐기자니 후비는 황제에게 새하얀 둔부를 계속 진상
한다. 황제도 음경을 음도에 삽입하여 쉬지 않고 움직인다. 몇 번
움직였다가 몇 번은 멈추었다가 정욕을 쏟아부으니 상투가 흐트러
져도 어쩌지 못한다. 황제가 기분 좋을 때는 비빈들과 양이 끄는
수레를 타고 궁 안에서 노닐거나 비빈들과 문 위에 대나무가지를
꽂으며 놀기도 한다. 저녁이 되어 교합할 때 하루는 후궁 아홉 중
에 하나와, 보름달이 되면 황후와 이틀 밤의 시간을 함께 보내게
되니 이는 모두 법전 중에 제정된 것이다. 여자관리가 기록한 책자
안에 명확히 기재되어 있다.
지금 황제 후궁 가운데 삼천여 명의 비빈이 있는데 모든 사람이 자
기의 미모를 드러내어 황제 앞에서 총애받기를 다투니 비빈들 서
로 간에 질투는 가히 피할 수 없는 것이다. 그것은 순전히 만 명의
몸뚱이로 한 사람이 즐기도록 바치게 한 연고라! 아, 정말 더 말할
나위도 없는 것이다.

이 글은 황제의 성생활을 마치 바로 옆에서 지켜본 듯 생생하게 묘
사하고 있다. 우리는 황제가 수많은 궁녀들에 둘러싸여 마음대로 즐겼
을 거라고 생각하기 쉽지만 사실은 다른 궁녀들이 옆에서 이런저런
시중을 들면서 일거수일투족을 지켜보고 있었다는 것은 생각하기 힘
들다. 이것은 당시 성을 남에게 감추어야 하는 수치로 여기지 않았기
때문에 가능했을 것이다. 백행간의 묘사 중에는 후반부에 '삼천여 명

의 비빈들이 황제의 총애를 다투어 서로 질투하는데 그것은 수많은 여인을 오직 황제 한 사람에게 바쳤기 때문'이라는 대목이 있다. 여기서 백행간이 당시 황실의 문제점을 제대로 짚고 있음을 알 수 있다.

진나라가 세워진 B.C 211년부터 청나라가 멸망한 1911년까지 중국에는 2백 명 이상의 황제가 등장한다. 수많은 여인들에 둘러싸여 있던 이들은 결코 장수하지 못했다. 이들 가운데 겨우 12명의 황제만이 일흔 살 넘게 살았을 뿐, 나머지는 모두 일찍 죽었다. 시해사건이나 예기치 않은 사고로 인한 죽음을 제외하고 자연사만 살펴보면 황제들의 평균 수명은 43세라고 한다. 이와 대조적으로 중국 역사상 승려들의 평균 수명은 77세나 된다. 황제들 가운데 16퍼센트는 20살 이전에 죽었으며, 삼분의 일 정도는 20살에서 40살 사이의 나이에 죽었으며, 삼분의 일 정도는 41살부터 60살의 나이에 죽었다. 그러나 20살에서 50살의 나이에 죽은 승려는 거의 없다. 승려들 가운데 33퍼센트가 70살에서 79살의 나이에 죽었고 31퍼센트는 80살 넘게 살았다고 한다.

황제의 명이 짧았던 가장 큰 요인은 궁중 내의 숨 막히는 생활과 업무와 관련된 여러 가지 스트레스, 영양과잉과 운동부족으로 인한 성인병 등일 것이다. 그러나 승려들과 비교했을 때 생활방식의 차이를 살펴본다면 과도한 성생활에도 문제가 있다는 추측을 하게 된다. 어쨌든 황제들과 달리 승려들이 장수할 수 있었던 것은 먹고 마시고 배설하는 것 모두에 걸친 절제된 생활 때문이라고 생각된다.

당나라 황제의 사랑을 논하는 데 당현종과 양귀비의 이야기를 빼놓을 수 없다. 그러나 두 사람의 사랑이 白樂天(백낙천)의 ≪長恨歌(장한가)≫에서처럼 후세에 길이 남을 순애보였는지는 장담하기 어렵다. 왜냐하면 현종이 양귀비의 다른 자매들을 秦國(진국)부인, 韓國(한국)부인, 虢國(괵국)부인으로 봉해서 함께 부인으로 취했기 때문이다. 또 한편 安祿山(안녹산)과 양귀비가 불륜관계였다는 설도 있다. 그것은 양귀비가 귀비로 책봉될 때 그녀의 나이가 27세였지만 현종은 이미 61세였기 때문에 나온 말로 보인다. 물론 사실인지 확인할 길은 없다. 결론적으로 수나라의 양제가 황음무도하기 이를 데 없는 호색한이었다면 당현종은 중국 역사상 미녀를 가장 많이 거느린 황제라 할 수 있다.

현종에게는 원래 황후 왕씨가 있었는데 그녀는 현종과 함께 궁중의 정변에 동참했던 동지이기도 했다. 그러나 현종이 武惠妃(무혜비)를 총애하면서 그녀는 현종의 마음에서 멀어져 갔다. 왕씨는 조강지처로서 옛정을 생각해 달라고 눈물로 호소하기도 했지만 현종의 마음은 잠시뿐, 그녀는 폐서인되어 쫓겨났다. 그러나 무혜비와도 오래 가지 못했다. 현종은 절세의 아름다움을 지닌 양귀비에게 반해 나라가 기울 만큼 요란한 사랑을 했다. 그러나 양귀비는 고력사에게 목이 졸려 비명횡사했다.

수많은 여인을 거느렸던 당대의 황제에게서 순애보란 찾기 어려운 것일까? 당 宣宗(선종)은 만당시기 식견 있는 황제로 꼽힌다. 그러나 그에게도 궁녀는 한낱 노리개에 불과했다. ≪唐語林(당어림)≫ 권7에는 다음과 같은 일화가 전한다. 어느 날 선종은 아름다운 궁녀를 진상받았는데, 매우 총애하여 수일 동안 무수한 상을 내렸다. 그러다 문득 당현종이 총애했던 양귀비 생각이 났다. 현종은 양귀비에게 빠져 나라가 망할 지경에 이르지 않았던가? 그래서 궁녀를 불러 말했다.

"현종께서는 양귀비 하나 때문에 나라가 기울게 되었는데, 내 어찌 이를 잊으리오. 이제부터는 너를 멀리하겠다."

그러자 주위 측근들은 그녀를 돌려보내시라고 했다. 그런데 선종은 "돌려보낸다면 반드시 생각이 날 터이니 독주를 내리는 것이 좋겠다."고 했다. 이렇게 하여 죄 없는 그 궁녀는 잠시 황제의 마음을 사로잡았다는 이유로 독주를 마시고 죽게 되었다. 이것은 옛날 중국의 제왕들이 궁인들의 목숨을 어떻게 여겼는지를 보여 주는 일화 중 하나라 할 수 있다.

한편 당대의 穆宗(목종) 李恒(이항)은 독특한 취향을 가지고 있었다. 그 또한 다른 황제들처럼 수많은 여인에게 둘러싸인 채 하루하루를 보냈는데 이런 일상도 반복되니 지루하게 느껴졌다. 그래서 그가 생각해 낸 재미있는 방법이 있었으니 비빈과 궁녀들의 옷에 음탕하고 농염한 시구를 수놓게 한 것이다. 이를 諢衣(운의)라고 부르며 그는 비빈들과 관계를 가질 때 이 시문을 읊으며 흥을 돋우었다. 이렇게 시를 읊으며 관계를 가지는 것이 그 나름대로의 풍류였는지 아니면 변태적인 취향인지는 각자 판단할 몫이다.

황제는 수많은 궁녀들에 둘러싸여 지루함을 느낄 정도였지만, 궁녀들 대부분은 평생을 독수공방하며 지내야 했다. 당현종 때 다음과 같은 일이 있었다. 현종은 변방군인에게 하사할 솜옷을 궁중에서 제작하게 했다. 궁녀들이 정성껏 만든 솜옷은 변방에서 고생하는 군인들에게 위문품으로 전해졌다. 어느 병사가 솜옷을 받아 입어 보려는데 솜옷 속에 웬 시가 한 수 들어 있는 것이 아닌가? 시에는 다음과 같은 내용이 있었다.

"수공으로 만든 군복, 누구에게 돌아갈지 알 수 없네. …현세는 이미 지났으니, 원컨대 내세의 인연으로 맺어지길"

병사는 솜옷을 만든 누군가가 넣어 두었다는 것을 직감했다. 사실 그것은 이팔청춘 나이에 입궁해 독수공방하던 한 궁녀가 솜옷을 만들다가 자신의 처지를 한탄하며 넣어 둔 시였다. 병사는 바로 대장에게 이 사실을 보고했고 대장은 황궁에 이 사실을 보고했다. 이렇게 이 이야기는 당현종에게까지 알려지게 된다. 현종은 이 일을 보고받으며 연민의 정을 느꼈다. 누군지도 모를 병사에게 남모를 애환을 시로 써서 넣어 둔 궁녀가 누구란 말인가? 현종은 누가 했는지 시인만 하면 죄를 묻지 않겠으니 스스로 밝히라고 명을 내렸다. 이에 한 궁녀가 자신의 행위임을 실토하고 죽을 죄를 지었다고 용서를 빌었다. 그런데 현종은 의외로 구중궁궐 궁녀의 한을 어여삐 여겨 시를 본 병사와 궁녀가 현세에서 맺어지게 해 주었다.

한편 孟棨(맹계)의 <本事詩(본사시)>에는 어느 궁녀가 오동잎에 시를 적어 보냈다가 酬唱(수창)한 내용이 있다. '수창'이란 풍류의 하나로 시를 쓰고 답하는 것을 일컫는다. 당희종 때의 일이다. 시인 顧況(고황)이 낙양에 있을 때, 친구들과 동산에서 노닐던 중이었다. 그런데 흐르는 강물 위로 큰 오동잎 하나가 떠 내려왔다.

깊은 궁궐 속에 들어오고 보니 해마다 봄을 본 적 없어라
괜스레 한 조각 나뭇잎에 시를 적어 정감 있는 사람에게 보내네.

누가 오동잎에 이런 시를 적어 띄워 보냈을까? 흥미가 생긴 고황은 다음 날 상류로 올라가 자신도 나뭇잎 위에 답신을 적어 물결에 띄워 보냈다.

> 지저귀는 꾀꼬리, 날리는 버들솜을 근심 어려 바라보니
> 상양궁 안은 애끊는 시절이라.
> 군왕의 성은으로도 동쪽으로 흐르는 물 막을 수 없나니
> 누구에게 기탁하려 나뭇잎에 시를 적을까?

그렇게 며칠이 흘렀다. 고황의 어느 지인이 그 동산에 봄나들이를 왔다가 시가 적힌 나뭇잎을 또 발견하게 되었다. 그는 이 나뭇잎을 고황에게 보내 주었다. 나뭇잎에는 다음과 같은 내용이 있었다.

> 나뭇잎 하나에 시를 토해 궁궐 밖으로 보냈는데,
> 누가 화합할 것을 근심하여 홀로 정을 담고 있을까?
> 홀로 물결 위 나뭇잎이 이르지 않음을 탄식하고
> 넘실넘실 바람결에 다음 편지를 보내네.

나뭇잎에 시를 써서 궁궐 밖으로 보냈다는 대목에서 누군가 궁궐에서 이 일을 시작했다는 것을 알 수 있다. 일설에 따르면 오동잎에 시를 적어 보낸 이는 궁녀 韓翠苹(한취평)이라고 한다. 물론 여기까지의 내용만으로는 이후 두 사람이 어떻게 되었는지 알 수가 없다. 어쨌든 이 시를 발견한 사람이 于祐(우우)라는 선비라는 말도 전한다. 이후 두 사람은 기적적으로 만남을 가지게 되었다. 한취평은 분명 하늘이 내려준 인연이리라 생각했고 궁을 나와 우우를 만났으며 혼인까지 했다는 것이다. 바로 그녀의 나이 스물다섯일 때였다. 그런데 평생 구중궁궐에서 생을 마쳐야 하는 궁녀가 과연 궁 밖으로 나와 누군지도 모르는 남자를 만나 혼인할 수 있었을까? 따라서 두 남녀가 나뭇잎에 수창한 일은 있을 수도 있겠지만 이후 두 사람의 기적적인 결합은 문학적 상상력의 결과로 보인다. 어쨌든 한취평이 오동잎 위에

한탄한 내용에서도 평생 독수공방해야 하는 궁녀가 겪어야 했던 고통은 잘 드러난다. 바로 '깊은 궁궐 속에 들어오고 보니 해마다 봄을 본 적 없어라'는 한탄은 그녀들이 겪는 한 맺힌 세월을 잘 대변한다고 할 것이다.

3. 황실 여인의 사랑

당대의 형법전 ≪唐律疏議(당률소의)≫에는 남편은 아내를 버릴 수 있으나 아내는 이혼을 요구할 권리가 없다고 규정되어 있다. 아내가 남편의 학대를 받아 도망간 경우에도 곤장 100대를 맞은 후 다시 남편 집으로 돌려보내졌다. 도망갔다가 강제 송환된 아내는 다른 곳에 팔아넘겨질 수 있었고 도망가서 개가하는 여인은 참수형에 처해지게 되어 있었다. 그런데 ≪예기≫에 따르면 남편은 다음과 같은 7가지 경우의 사유가 있으면 이혼할 수 있었다. 우리도 알고 있는 七去之惡(칠거지악)이라는 것인데 그 내용은 다음과 같다.

> 부모에게 순종치 않는 것, 아들이 없는 것, 음란한 것, 질투하는 것,
> 나쁜 병이 있는 것, 말이 많은 것, 도적질하는 것.

또 한편 남편이 아내를 버릴 수 없는 세 경우가 있으니 이를 三不去(삼불거)라 했다.

> 부모의 삼년상을 함께 치른 경우, 가난했다가 후에 부자가 된 경우,
> 이혼하면 돌아갈 곳이 없는 경우.

이와 관련해 ≪당률소의≫에는 "칠거지악이 없는데도 이혼하는 남
편은 징역 1년 반에 처하고, 칠거지악을 범해도 삼불거에 해당하는데
이혼하는 남편은 곤장 100대에 처하고 다시 부인을 데려와야 한다."
고 규정하고 있다. 바꾸어 말해 가부장 중심의 부부관계가 ≪당률소
의≫에 규정되어 있지만 칠거지악을 범해도 삼불거의 경우, 즉 조강
지처는 함부로 버릴 수 없게 못 박고 있는 것이다. 이런 배려 때문에
현실적으로 부부의 이혼이나 남편 사후 아내의 재가는 보편적이었고
여론의 질책을 받지 않았다.

돈황석굴에서 발굴된 자료 중에 '放妻書(방처서)'라는 것이 있다. '방
처서'란 당시 부인과 이혼하게 된 남편이 쓴 글인데 '아내를 놓아 주는
글'이라는 뜻이다. 이혼을 아내를 놓아 준다, 즉 해방시킨다고 한 데서
아내를 소유물로 생각하는 가부장 중심적인 사고가 희박한 것을 알 수
있다. 따라서 이혼할 때 아내를 배척하거나 비난하는 상황이 아니었음
을 알 수 있다. 여기서 당대 사람들의 이혼에 대한 태도가 드러난다.

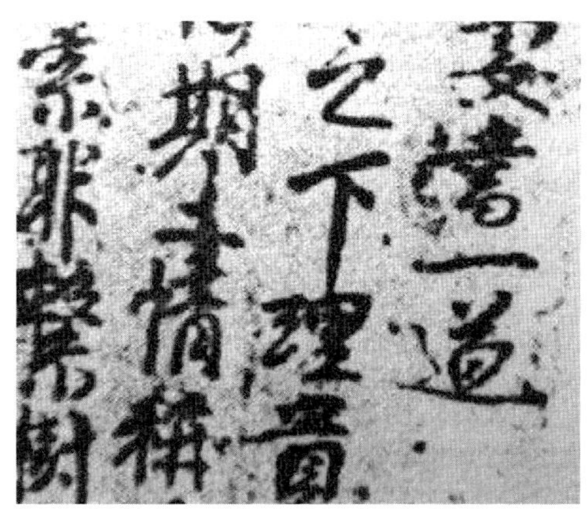

放妻書(방처서)

≪新唐書(신당서)≫, <公主傳(공주전)>에 의하면 당대 전체에 걸쳐서 재가한 공주는 23명이었는데 그중에는 세 번 결혼한 공주도 세 명이나 있었다. 이것은 귀족 관료나 평민들도 마찬가지였다. 당대 공주 가운데 자유분방한 사랑으로는 高陽公主(고양공주)의 경우가 널리 알려져 있다. ≪신당서≫에 의하면 고양공주는 당태종의 17번째 딸이지만 생모가 누구인지는 불분명하다. 淸河(청하) 房氏(방씨) 출신으로 山東(산동) 명문가인 房玄齡(방현령)은 梁國公(양국공)으로 봉해졌고 中書令(중서령), 尙書左僕射(상서좌복야), 司空(사공) 등의 관직을 맡아 20여년 관직생활을 했다. 고양공주는 바로 방현령의 차남인 房遺愛(방유애)에게 시집갔다. 방현령은 당태종의 개국공신이자 명재상이었으니 방씨 집안에 시집간 것은 고양공주에 대해 태종이 각별하게 여기고 있음을 보여 준다. 그래서 고양공주의 남편 방유애 또한 태종의 기대를 받고 右衛將軍(우위장군)에 임명되었다.

부친 방현령은 학식과 문재에 뛰어났지만 방유애는 어려서부터 학문과는 거리가 먼 동네건달 같은 사람이었다. 그래서 그는 상류층에서도 힘만 쓸 줄 알지 교양이 없는 자로 조롱거리가 되기 일쑤였다. 무능력한 방유애에 대해 주위 사람들이 조롱한 것과 달리 房遺直(방유직)에 대한 평가는 달랐다. 이것은 남편보다 유능하다고 평가받는 시아주버니인 방유직을 고양공주가 견제하게 된 원인이 되었다. 태종은 능력 있는 방유직에게 銀靑光祿大夫(은청광록대부)라는 작위를 수여했다. 고양공주는 이를 참지 못하고 노골적으로 불만을 표출했다. 그러자 방유직은 태종에게 자신의 작위를 동생 방유애에게 양보해 집안의 풍파를 막자고 건의했다. 그러나 태종은 승낙하지 않았다. 그러자 고양공주는 엉뚱하게도 방유직이 모반할 뜻을 갖고 있기에 작위를 사양한다고 태종에게 참소했다. 이를 의심한 태종이 조사를 지시했지만 이내 거짓 참소라는 것이 드러나게 되었다. 한바탕 소동이 집안싸움으로 드러난 이상 태종은 이를 부끄럽게 생각하여 불문에 붙이기로 하고 고양공주에게는 근신을 명했다.

방유애와 고양공주는 장안 근교에 사냥을 나갔다. 사냥을 하던 중 조그마한 암자에 이르렀다. 이 암자에는 젊은 학승 辯機(변기)가 현장법사가 가져온 불경 번역에 힘쓰고 있었다. 힘만 쓸 줄 알았지 학문적 소양이 없는 방유애에 비해 학문에 매진하는 준수한 학승에게 공주는 마음이 끌렸다. 이후 공주는 방유애와 함께 자주 암자에 들렀다. 그때마다 공주는 시녀들이 암자에 자리를 마련하게 하고 변기를 청하여 밀회를 즐겼다. 그러는 동안 공주의 남편 방유애는 남편이 아니라 공주의 호위무사로서 두 사람의 만남을 지켜 주는 못난 행동을 했다. 고양공주는 자신들의 비밀스러운 만남이 새어 나가지 않도록 지켜 주는 남편에게 미안함을 느꼈는지 젊은 시녀들을 남편의 침실에 들여보내 주었다.

그러나 두 사람의 밀회는 우연한 일로 비극적인 결말을 맺게 되었다. 장안의 뒷골목에서 한 도둑이 붙잡혔는데 그가 훔친 물건 중에서 황궁에서 쓰는 화려한 베개가 나온 것이다. 도둑은 그 베개를 洪福寺(홍복사) 변기의 방에서 훔쳤다고 자백했고 변기는 곧 소환되어 고문을 당했다. 고문을 견디다 못한 변기는 마침내 고양공주에게서 얻었다고 실토하여 이들의 불륜관계가 만천하에 드러나고 말았다. 변기는 자기가 하던 불경 번역사업이 수년의 세월이 걸릴 작업임에 고양공주가 사랑의 징표로 베개를 주었다고 실토했다. 고양공주와 고승 변기가 사적인 관계로 주고받은 베개가 물증으로 제시되면서 이 사건은 황제에게까지 조사서가 올라갔다. 황제는 진노했고 변기는 장안의 西市場(서시장)에서 사형을 당했다. ≪資治通鑑(자치통감)≫에 따르면 변기는 허리가 잘리는 끔찍한 죽음을 당했다고 한다. 또한 고양공주의 노비들도 십여 명이 죽었으며 공주 역시 궁중출입을 금지당하게 되었다.

고양공주와 고승 변기 사이에 있었던 이 사건은 고양공주에게 큰 오명을 안겨주게 되었다. 사건의 발단은 방유직에 대해 고양공주가 거짓 참소함으로써 태종의 신망을 잃게 된 데 있다. 고양공주는 이렇게 음란한 황실여성의 표본이 되었다.

태종은 말년에 연이어 일어난 가정의 불상사를 매우 수치스러워했다. 불과 5년 전에 큰아들인 황태자 承建(승건)을 폐위시키고, 또 다른 아들 위왕 泰(태)를 유배했으며, 다섯째인 제왕 祐(우)를 역모혐의로 사사시킨 바 있었다. 고양공주 사건이 일어나자 태종은 결국 몸져눕게 된다. 이듬해인 649년 태종이 붕어하고 고종이 즉위했다. 고종은 궁중출입을 금지당한 누이 고양공주를 불쌍히 여기고 가택연금을 해제시켜 주었다. 그런데 고양공주는 다시 智勖(지욱)이나 惠弘(혜홍) 등의 승려나 도사를 가까이하더니 귀신에 의한 점괘에 빠져들었다. 게다가 그들을 규방으로 끌어들여 방탕한 생활에 빠져들었다.

과거 자신의 잘못을 깨닫지 못한 그녀는 여전히 시아주버니인 방유직 때문에 가택에 연금되었다고 생각하고 있었다. 그래서 거짓을 꾸며대어 고종에게 방유직을 또 한 번 참소하였다. 남편 방유애도 형 방유직에 대해 재산의 분할을 둘러싸고 송사를 걸었다. 거듭된 형제간의 불화에 격노한 고종은 이번에는 양쪽을 똑같이 벌하기로 한다. 그해 11월, 방유직은 汴州刺史(변주자사)로, 방유애는 房州刺史(방주자사)로 좌천시켜 지방으로 가라는 명령을 받는다. 지방으로 좌천되어 내려가기 전, 고양공주는 수족을 시켜 시아주버니 방유직이 자신에게 치근댔다고 다시 한 번 무고했다. 이 때문에 방유직은 御史臺(어사대)로 소환되었다. 죄상을 추궁받던 방유직은 더 이상 고양공주의 참소를 참지 못하고 폭탄선언을 했다. 그것은 고양공주와 방유애가 모반을 꾀하고 있다는 것이었다. 이 고변을 접한 고종은 외숙인 長孫無忌(장손무기)를 위관으로 임명하고 사건을 철저히 조사하라고 엄명했다. 모반혐의를 받은 방유애는 다시 소환되었고, 그들이 한때 이런 음모를 꾸몄던 것이 사실로 드러나게 되었다.

이렇게 되자 방유애와 여러 관련자들은 하옥되고 고양공주는 다시 가택 연금되었다. 이후 방유애는 예전의 변기처럼 서시장에서 공개 처형되었고, 고양공주의 자식도 유배되었다. 고양공주가 일으킨 스캔들은 이렇게 장손무기에게 독재의 무대를 마련해 주며 끝을 맺었다. 그러나 지나친 독주는 막다른 골목에 부딪히는 법, 승승장구하던 장손무기는 훗날 則天武后(측천무후, 624~705)와의 정치적 대결에서 패배하고 만다.

중국의 여러 황제가 그렇듯이 고종도 수많은 여인들로 둘러싸여 있었고 이들은 서로 황제의 사랑을 얻고자 경쟁했다. 황제의 총애를 얻은 이는 권세를 얻고자 정치투쟁을 벌였는데 그 결과는 비참했다. 당대 睿宗(예종)의 竇后(예후)와 劉后(유후)는 권력다툼의 와중에서 누명을 쓰고 같은 날 비밀리에 처형되었다. 이들의 시체는 행방도 찾을 수 없었다. 한편 肅宗(숙종)이 태자였을 때 권력다툼 끝에 韋妃(위비)의 오빠가 사약을 받았다. 그러자 위비는 숙종과 강제로 이혼하게 되었고 평생을 비구니로 살아야 했다. 한편 당말 昭宗(소종)이 권력을 잃고 朱全忠(주전충)에게 살해당하자 황후 하씨가 목을 매어 죽은 이야기도 있다.

이 때문에 당나라 고종 이치의 황후인 측천무후의 경우는 중국 역사 속에서 단연 돋보인다. 비빈들 간의 치열한 경쟁을 뚫고 황후가 되더니 비빈을 황제로 만들어 수렴청정 했고, 나중에는 스스로 황제가 되었기 때문이다. 측천무후는 중국 역사상 최초이자 유일무이한 여황제였다. 중국에서는 그녀를 武則天(무측천)이라 부르기도 한다. 그녀는 음탕하고 사악한 요녀라는 비판과 함께 민생을 보살피고 국정을 정비한 여걸이라는 평을 함께 받고 있다. 그녀는 목재상으로 거부가 된 武士彠(무사확)의 차녀로 이름은 照(조)인데, 황제로 즉위한 뒤 자신의 이름을 曌(조)로 바꾸었다. 무조는 어릴 때부터 대담했고, 적극적이어서 말 타기와 글 읽기를 좋아했다고 전해진다.

武則天(무측천)

636년, 당 태종 이세민이 황후를 잃자 무조의 용모가 빼어나다는 얘기를 듣고 이듬해 무조를 재인으로 삼았다. 이때 그녀의 나이 겨우

14세였는데, 남성적인 성격의 소유자였던 그녀는 애교를 부릴 줄 몰라 이세민의 총애를 받지 못했다. 그렇게 독수공방하다가 649년에 이세민이 붕어하게 된다. 무조는 선제의 후궁은 비구니가 되어야 한다는 법도에 따라 머리를 깎고 비구니가 되어 感業寺(감업사)에 들어갔다. 한편 태종이 죽자 9남인 이치가 황제에 올라 고종이 되었다. 그런데 이치는 태자였을 때, 부황 이세민을 간호하던 무조를 보고 호감을 가진 적이 있었다. 이치는 분향차 무조가 비구니로 있던 감업사에 들렀는데 거기서 무조를 보았다. 무조를 본 이치는 옛정이 떠올라 그녀를 데리고 황궁으로 들어가게 된다.

무조가 황궁으로 들어갈 수 있었던 데는 이치의 황후인 왕씨의 도움이 있었다. 왕씨는 이치의 사랑을 독차지하던 蕭淑妃(소숙비)를 질시했는데 무조를 불러들여 소숙비를 향한 이치의 마음을 돌려 보려고 했다. 궁에 들어온 무조는 황후 왕씨와 결탁하여 소숙비를 폐출시켰다. 그러나 무조는 이치의 총애를 받기 시작하더니 이치와의 사이에 모두 4남 2녀의 자녀까지 낳았다. 무조는 妃(비)로 지위가 상승되었고 야심만만했던 무조는 황후 왕씨를 몰아내고 자신이 황후가 될 계략을 세웠다. 무조는 왕씨에 반대하던 사람들을 끌어들였고 그들을 이용하여 황후의 일거수일투족을 감시했다. 그러나 황후는 무조의 이런 계략을 잘 모르고 있었다. 무조가 낳은 딸을 귀여워한 황후는 무조의 딸을 보러 오곤 했다. 어느 날 왕씨가 무조의 딸을 보고 간 후, 무조는 자신의 손으로 딸을 목 졸라 죽였다. 그러고는 딸이 죽어 있는 것을 발견한 척하고 황후가 자기 딸을 보러 왔다가 죽인 거라고 난리를 피웠다. 이 사실을 믿고 분노한 이치는 황후 왕씨를 폐서인시키고, 무조를 황후로 삼게 된다.

　황후가 되고 난 뒤 무조는 왕씨와 소숙비 두 사람에게 곤장 이백 대를 치고 다리를 잘라, 술 항아리에 가두어 죽이는 끔찍한 일을 저질렀다. 또 무조는 고종 이치의 외숙부이자 승상으로 권력을 쥐고 있던 장손무기가 자살하도록 강요했고 장손무기의 일가까지 모조리 몰살시켰다. 656년에는 황태자였던 李忠(이충)에게 여러 가지 죄를 뒤집어씌워 폐위시키고 그 자리에 자신의 장남 李弘(이홍)을 앉혔다. 이런 그녀의 전횡을 보다 못한 고종은 신하들과 무조의 폐위를 은밀히 의논하게 된다. 그러나 무조의 심복들이 이 사실을 알게 되어 무씨에게 밀고했다. 무조는 이들이 황태자였다가 폐위된 이충과 대역죄를 꾸미려 했다는 이유로 그들 모두를 처형하고 이충을 黔州(검주)로 귀양 보냈다. 이충은 664년 귀양지에서 사약을 받고 죽게 된다.

　얼마 뒤 고종의 건강이 악화되자 황태자 이홍이 제위를 물려받게 되었다. 고종과 대소 신료들에게서 두터운 신임을 받았던 이홍은 총명하고 겸손했다. 그러나 엉뚱하게도 이 때문에 위기감을 느낀 무조는 675년 사약을 보내 아들인 이홍을 죽이고 다른 아들 李賢(이현)을 황태자로 책봉하게 한다. 그러나 무조는 이현 또한 여색을 밝힌다는 구실로 모함하여 황태자 자리에서 폐출시켰다. 이후 그는 巴州(파주)에서 어머니 무조가 보낸 자객들에게 죽임을 당했다. 다음으로 무조는 셋째 아들 李顯(이현)을 새 황태자로 삼았다. 그는 형들과 달리 유약하고 어머니 말에 순종하니 무조의 입맛에는 딱 맞는 황태자였다. 3년 뒤, 683년에 고종 이치가 붕어하고 황태자 이현이 황제에 오르니 그가 중종이다. 그런데 무조는 중종의 부인인 越后(월후)의 어머니 長公主(장공주)와 충돌이 있었다. 무조와 부딪힌 월후는 감금되었는데 아무도 돌봐 주는 이가 없었다. 얼마 뒤 월후는 죽어서 부패된 시체로 발견되었지만 사인을 알 수 없었다. 이후 무씨는 월후의 사위였던 중종을 폐위시키고 廬陵王(여릉왕)으로 강등시켰다. 그 이유는 이현의 처 황후 위씨와 그의 아버지 韋玄貞(위현정)이 정사를 농단했다는 것이다. 마지막으로 자신의 아들 중 가장 순종적인 막내 李旦(이단)을 황제에 올리니 그가 바로 睿宗(예종)이다. 이때부터 그녀는 모든 정사를 직접 관장하고 실권을 장악했다. 무씨는 낙양을 神都(신도)라 명명하고 관제를 새로 개편하였다.

이렇게 입맛에 맞게 권력을 장악했지만 무조의 야심은 여기에서 그치지 않았다. 690년 9월 9일 중양절, 무씨는 예종 이단을 황제에서 폐하고 마침내 자신이 황제에 올랐다. 자신을 則天 金輪大聖神皇帝(측천 금륜대성신황제)라 칭하고 국호를 大周(대주), 연호를 天授(천수)로 하고 도읍을 장안에서 신도 낙양으로 천도했다. 역사학자들은 그녀가 세운 주나라를 西周(서주), 東周(동주)와 구분하기 위하여 그녀의 성을 따 '武周(무주)' 또는 '後周(후주)'라 불렀다. 그녀는 황제의 자리에 오르자 자신의 측근들을 대신으로 임명하여 당 황조의 종친과 대신들을 잔혹하게 몰살시켰다.

이상과 같이 중국 역사상 최초의 여황제에 오르기까지 정적이라면 아들까지도 처단한 무조의 행적을 살펴보면 잔혹하다는 평가를 받을 수밖에 없다. 그러나 자녀교육만큼은 대단히 엄격히 시켰다. 특히 太平公主(태평공주)를 가장 사랑하여 엄격히 가르쳤다고 전해진다. 또한 실제로 그녀는 대단한 정치적 역량을 보여 주었다. 고종 재위 시절 이미 '건언12사'라는 건의문을 올려 모두 수용되게 한 바 있지만 황제가 된 뒤에는 제대로 정착되지 않았던 과거제도를 다시 개편하였고 이로 인해 신흥 세력을 많이 등용했다. 과거를 會試(회시), 貢士

(공사), 殿試(전시)의 순으로 해서 국가에 필요한 많은 인재들을 배출하고 적재적소에 등용시켰다. 무조는 이들을 중용하여 자신의 지지기반으로 만들었다. 또 당나라 때의 대신들 중에서도 실력 있는 사람이라면 중용하였다. 이들이 바로 狄仁傑(적인걸), 張柬之(장간지) 등이다. 그녀는 근무가 태만한 관리들을 파면하고 심지어 죽이기까지 했다. 이렇게 그녀는 이전에 있던 귀족적 혈통 중심의 관료제에서 능력 위주의 관료제로 전환의 가능성을 열어 주었다는 평가를 받는다. 이런 능력 위주의 등용은 훗날 당현종 李隆基(이융기)의 '開元(개원)의 治(치)'의 발판을 마련했다는 평을 받는다. 그녀가 다스리던 시기는 '정관의 치'라고 불리던 태종 이세민이 다스리던 시대에 버금갈 만큼 융성했다. 무씨는 또한 불교를 중흥시켜, 전국에 많은 불교 사원을 세우고 승려들을 양성하기도 하였다. 일부 역사가들은 그러한 그녀의 치세를 '무주의 치(武周之治)'라 불렀다.

무조의 조카 武承嗣(무승사)도 뛰어난 정치력을 가지고 있었으나, 권력이 매우 커져 무조와 조정 대신들의 경계 대상이 되었다. 그러나 이미 노약한 말년의 무조는 조카 무승사에게 황위를 물려주어 무주를 계승할지 자신의 야욕을 꺾고 당 황조의 황태후로 되돌아갈지를 선택해야 했다. 무씨 황조를 계승하는 데 대해서는 적인걸 등 여러 대신들이 반감을 갖고 있었다. 결국 무조는 마음을 비우고 699년, 유폐되어 있던 아들 여릉왕 이현을 다시 태자에 봉했다. 6년 뒤인 705년, 무조는 병상에 눕게 되는데 이런 와중에 재상 장간지가 군사들을 이끌고 와서 당 황조의 복원을 요청했다. 전각에서 투병하던 무조는 이를 승낙했고 이현이 중종으로 다시 복위하니 당 황조가 15년 만에 복권되었다. 그리하여 15년 동안 중국 최초의 여제로 천하를 다스리던 무조는 최초의 여성 태상황이 되었다. 그해 11월 무조는 중종 이현과 막내아들 예종 이단, 막내딸 태평공주 등을 불러 놓고 무씨 일가를 잘 부탁한다는 말과 함께 자기가 죽은 뒤에는 황제가 아닌 황후로 칭해 달라고 유언을 남겼다. 또 억울하게 자신의 손에 죽었던 폐황후 왕씨의 일가 역시 사면 복권해 달라는 말과 함께 자신의 묘비에 한 글자도 새기지 말라고 명하였다. 705년 11월 2일, 거의 반세기 동안 천하를 다스렸던 여걸 측천 聖神大皇帝(성신대황제) 무조는 장안에서 82세의 나이로 세상을 떴다.

이런 그녀의 일생을 돌이켜 볼 때 그녀는 중국 역사에서는 가장 파란만장한 삶을 살았던 여걸이라 할 수 있다. 그런데 이런 그녀가 음탕한 妖女(요녀)라는 평을 받게 된 데는 어떤 연유가 있었을까? 그녀가 후궁이 된 후 처음 불러들인 남자는 馮小寶(풍소보)라는 승려였다. 무조는 14세의 나이로 이세민의 후궁이 되었다가 비구니가 되어 감업사로 들어갔을 때 그를 만나게 되었다. 비구니의 고된 생활 중에 그녀에게 도움을 준 사람이 바로 그였다. 풍소보는 남몰래 그녀 대신 우물물을 길어 주거나 야외에서 고기를 함께 먹기도 했다. 이런 인연으로 무조가 이치의 간택을 받고 궁에 들어갔을 때 풍소보는 가장 먼저 무조의 부름을 받았다. 무조는 그를 딸 태평공주의 부마 薛紹(설소)의 숙부가 되게 하고 설회의라는 이름을 하사했다. 황실의 위세를 업은 설회의는 막대한 부를 축적했고 궁 밖에는 첩을 여럿 두어 자식이 십여 명에 달했다. 그는 무조의 남총이었지만 딸 태평공주의 남첩노릇을 하기도 했다. 또 한편 설회의는 무조가 총애하는 다른 남총들에 대한 질투도 심했다. 그래서 결국 무조의 눈 밖에 나 죽음을 당하게 된다.

무조의 딸 태평공주의 남첩으로는 설회의 외에도 張易之(장역지),

張昌宗(장창종) 형제가 있었다. 이들은 사대부 신분일 뿐 아니라 스무 살도 되지 않은 나이여서 피부가 희고 아름다운 미소년들이었다. 태평공주는 72세의 어머니에게 이들을 추천했다. 장씨 형제는 잠자리의 기교가 뛰어나 무조의 지극한 총애를 받았다. 무조는 이들을 中郎將(중랑장)과 少卿(소경)으로 삼고 계속 관직을 높이는 한편 늙은 자신을 대신해 국사를 돌보게 하였다.

그런데 장씨 형제는 무조의 동성애 상대자와도 특별한 관계였다. 上官婉兒(상관완아)라는 시녀는 무조의 동성애 상대자로 특별한 총애를 받았는데 무조의 침소를 드나들던 미소년 장창종을 만나 연인관계로 발전한 것이다. 두 사람의 관계를 안 무조는 대노했다. 무조는 금도를 뽑아 들고 상관완아를 찔렀고 그녀의 왼쪽 이마에는 칼로 벤 상처가 남게 되었다. 상관완아는 흉터를 가리기 위해 붉은 매화를 이마에 그려 넣었다. 그런데 그녀 이마의 매화가 예뻐 보였던지 다른 궁녀들도 너도나도 이마에 붉은 연지를 찍어 따라 했다고 한다.

이들 외에도 무조의 남총이 되기 위해 미소년을 자처하거나 양물이 크다고 추천하는 자들이 적지 않았다. 무조가 설회의에게 싫증을 느꼈을 무렵이었다. 심남로는 원래 어의(황제의 의사)이기 때문에 자연히 무조를 진료하다 가까워졌고 무조를 잠자리에 모시는 성은을 입었다. 그런데 그는 보기 드문 거양이었다. ≪如意君傳(여의군전)≫이라는 책에는 이후 심남로가 설회의보다 더 측천무후의 총애를 많이 받았다고 되어 있다. 아무래도 사람의 신체에 대해 잘 알기 때문에 그가 방중술에도 능통했을 것으로 보인다. 심남로는 방사가 시작되기 전이나 끝난 뒤 항상 호리병에 든 메추리술로 입안을 헹궜다. 메추리술은 회춘에 특효가 있다고 전해진다. 또 무조는 武后酒(무후

주)라는 술을 마셨다. 무후주는 醉蝦(취하)라고도 부르는데, 살아 있
는 새우를 독한 술에 담갔다가 먹는 것이다. 독한 술에 담긴 새우가
펄쩍펄쩍 뛸 때 뚜껑이 있는 그릇에 담갔다가 다시 꺼내서 껍질을 벗
겨서 익혀 먹으면 강정에 좋다고 한다. 무조가 늙어서도 젊음을 유지
한 데는 이런 비결이 있었던 모양이다.

그러나 무조의 황음에 대해 충신 右補闕(우보궐) 朱敬則(주경측)은
다음과 같이 간언했다.

> "폐하께서 총애하시는 사람으로 설회의, 장역지, 장창종 등이 있으
> 니 참으로 충분하다 하겠습니다."

충신 적인걸도 상소를 올렸다. 무조가 총애하는 장씨 형제가 황제
의 명성과 역사에 누를 끼친다고 간언했다. 그러나 무조는 이런 간언
에 대해 고종 재위 시절 4남 2녀나 출산하고 양육했던 고로 고령이
되어 기혈이 쇠퇴하다, 그래서 미소년의 양기를 섭취하여 회춘하려
한다고 대답할 뿐이었다.

4. 당대의 성과 사랑

당대에는 현존하는 가장 완전한 봉건법전이 완비되었다. 고종 영위
2년(A.D 651년)에 반포된 ≪永徽律疏(영휘률소)≫, 즉 ≪唐律(당률)≫
이라는 것이다. ≪당률≫의 제4편, <戶婚(호혼)>은 모두 46조인데 호
적, 토지, 세금과 결혼, 가정 등에 대한 규정이 있다. ≪당률≫에서 일
부일처제는 매우 중요하게 규정되어 있다. 결혼을 하고 배우자를 하

나 더 취하는 중혼, 결혼하고 가출하는 경우, 재혼 등에 관해 징역 1~3년까지의 처벌을 규정하고 있다. 하늘이 땅보다 높고, 임금이 신하보다 높고, 남편이 아내보다 높다는 철학을 기본으로 한 이 강령은 국가의 통치질서를 유지하기 위한 이념이었다. 그러나 법률과 현실은 거리가 있어서 많은 남성들은 다수의 첩, 비, 노를 둘 수 있었다.

한대 이후 사대부 여성들에게는 남자에게 복종하라는 취지의 여성교육이 제창되었다. 후한의 반소가 ≪女誡(여계)≫를 지은 이후, 여성교육의 대표적인 서적들이 등장했다. 바로 宋若昭(송약소)가 주석을 단 ≪女論語(여논어)≫가 그것이다. 조정에서는 전국적으로 이 책을 유통시켰다. 이 밖에 당태종의 장손 長孫皇后(장손황후)가 지은 ≪女則(여칙)≫ 30권, 진모의 아내 정씨가 지은 ≪女孝經(여효경)≫ 18장도 후대여성의 규범이 된 책이다.

당대의 남녀들은 서로의 사랑을 이루기 위해 부적을 사용하는 등 주술에 의지했다. 이를 和合咒(화합주)와 獵哥神咒符(엽가신주부)로 불렀는데 화합주는 남녀가 서로 사랑하게 만드는 것이고 엽가신주부는 여성이 짝사랑하는 남성의 마음을 얻기 위해 사용하는 것이다. 즉 무당이 그려 준 이 부적들을 사랑하는 자의 몸에 붙여 놓거나 먹게 하면 사랑을 얻을 수 있다는 것이다. ≪唐書(당서)≫, <棣王傳(체왕전)>에는 남편 마음을 얻기 위해 서로 경쟁하고 질투하는 두 명의 비이야기가 나온다. 두 비 가운데 한 명이 무당에게 화합주를 얻어서 몰래 남편의 신발 밑에 놓아두었다는 이야기다.

당나라 때는 방중술도 크게 유행했다. 당대의 의학서적 가운데에는 방중술에 관한 서술이 많은 부분을 차지한다. 당나라 초기 孫思邈(손사막)이라는 어의가 있었는데 그는 여러 권의 의서를 집필했다. 그중 ≪千金要方(천금요방)≫ 30권은 손사막이 필생의 대업으로 집필한 당나라 최고의 의학서이다. 이 책의 <房中補益(방중보익)>에는 방중술에 관한 폭넓은 설명이 자세히 나와 있다. 이 책에서는 방중술이 성교의 방법과 기술을 말하지만 그 목적이 쾌락이 아니라 양생을 위한 것임을 분명히 했다. 방중술의 양생이란 정력을 강하게 해 여자와 함부로 즐기고자 함이 아니고 뇌를 보강하여 병을 쫓는 데 그 의의가 있다고 했다. 손사막의 의서로는 이 외에도 ≪千金翼方(천금익방)≫ 5권이 있다. 당대에는 王燾(왕도)의 ≪外臺秘要(외대비요)≫ 17권, 甄權(견권)의 ≪古今錄驗(고금녹험)≫ 25권 등 방중술 관련 서적이 편찬되기도 했다.

당대에 방중술에 대한 논의와 실천이 얼마나 보편적이었는지는 문인들의 시구에 방중술 용어가 자연스럽게 등장하는 데서도 알 수 있다. 대표적인 것으로 앞서 언급한 백행간의 <天地陰陽交歡大樂賦(천지음양교환대락부)>다. 제목에서 드러나듯이 이 부는 천인감응관을 주요 사상으로 하는 글이다. 문학적인 가치도 있지만 당대 방중술의 전파상황을 알려 주는 좋은 자료라 할 수 있다. 그 속에는 성의 과학적 이치와 당대 성에 관한 예법, 풍속과 세상물정, 당시 유행한 구어 등이 잘 보전되어 있다. 이 부의 마지막에는 상당한 분량을 할애하여 황제의 성생활과 사통, 계집종과의 음행, 동성애 등을 묘사하고 있다. 또한 내용 여러 곳에 걸쳐 방중술 용어가 자주 등장한다. 예를 들면 ‘九淺一深(구천일심: 아홉 번은 얕게 한 번은 깊게)’ 같은 것이다. 또 백행간이 주석을 단 부분도 마찬가지다. ≪交接經(교접경)≫, ‘素女曰(소녀왈)’, ‘洞玄子曰(통현자왈)’ 등 방중술 서적이나 방중술과 관련한 인물들이 등장하는 것이다. 그런데 백행간은 당시 지극히 평범한 문인이었다. 그가 방중술 혹은 의술 등에 각별한 관심을 가지고 연구해서 이 책이 쓰인 것이 아니라 원래 재미 삼아 쓴 데서 출발했다. 당대의 대시인 백거이의 동생이자 전형적인 문인이었던 그에게서 방중술의 용어와 인물들이 수시로 거론된다는 것은 그만큼 방중술의 내용이 당시 사람들의 입에 회자되었음을 보여 주는 것이다.

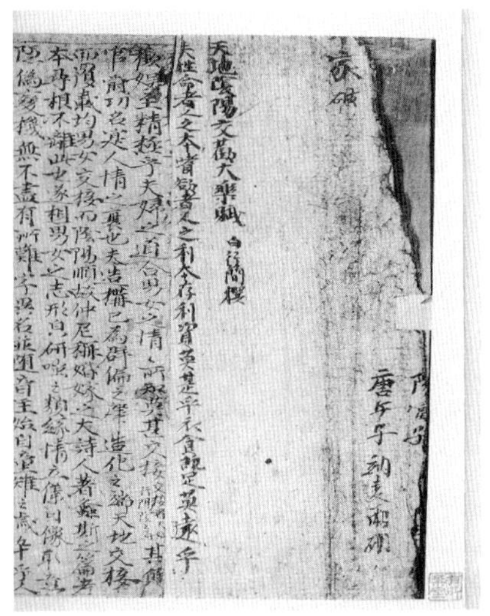

〈天地陰陽交歡大樂賦(천지음양교환대락부)〉

방중술이 자유로이 논의된 만큼 우리는 당시의 자유분방한 시대풍조를 알 수 있다. 그렇다면 과거의 여성들이 오늘날 우리보다 정절을 중시했을 거라고 생각하는 것은 사실 후대에 인위적으로 만들어진 관념이었던 셈이다. 훗날 성리학이 유교의 정통예법을 강조하면서 처녀들이 정조를 지켜야 한다는 관념이 생긴 것이지 원래부터 여성의 정조를 강요한 것은 아니었던 것이다. 물론 당대에는 도교나 불교보다 유교사상이 우위에 있었다. 그것은 유교경전이 관리등용을 위한 문장의 시험과목으로 지정되어 있었기 때문에 벼슬을 하고자 하는 사람은 유교경전을 공부해야 했기 때문이다. 그러나 책에 있는 남녀 예교의 가르침을 그대로 실천하는 사람은 참으로 드물었다. 유교에서 는 남녀유별, 일부종사를 강조했지만 당시 지배층을 비롯한 일반 백 성들은 크게 구속받지 않았던 것이다.

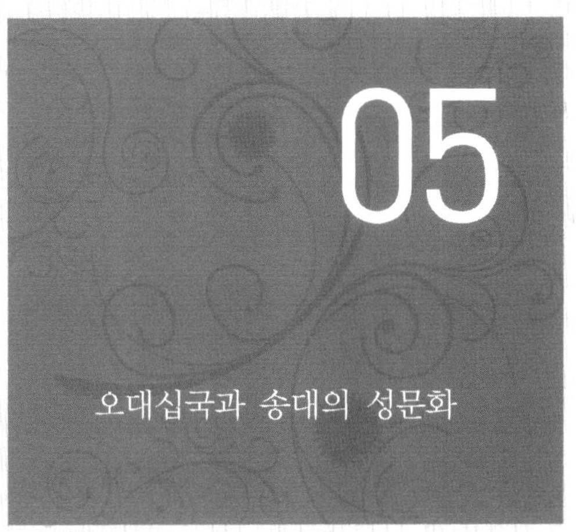

1. 당의 멸망과 오대십국

2. 전족

3. 오대십국과 송대의 성문화

05 | 오대십국과 송대의 성문화

1. 당의 멸망과 오대십국

우선 당왕조가 몰락한 시대적 배경을 살펴보기로 하자. 당은 高祖(고조) 李淵(이연)으로부터 20대 황제 哀帝(애제)에 이르기까지 290년 정도 존속한 당시 세계 최고의 문명대국이었다. 그러나 토번, 돌궐 등 이민족의 침략으로 국력이 약화되었다. 또한 귀족들의 장원토지가 증가하여 현종 재위 말기부터 각지에서 반란이 일어났다. 그러다가 755년 제6대 황제 현종 때 일어난 '安史(안사)의 난'을 기점으로 거의 1세기 동안 극심한 내우외환을 겪게 된다. 763년에 일어난 안사의 난은 중앙정부의 통치력을 매우 약화시키는 계기가 되었다. 이를 틈타 각지의 절도사 세력은 자신들의 임지를 스스로 다스리기 시작했고, 거리가 먼 지방의 절도사는 중앙에 대한 납세마저도 거부했다. 당나라는 조세제도를 양세법, 군사제도는 모병제로 바꾸었다. 이런 와중에 황제의 영향력은 급격히 쇠락해졌고 황제는 환관세력을 활용한 억제책으로 절도사를 누르려 하였다. 그러나 李輔國(이보국), 俱文珍(구문진) 같은 환관들이 발호해 정사를 어지럽히더니 황제의 존립까지 결정하게 되었다. 이런 폐단으로 중앙정부의 역할은 사라지고 다시 절도사들이 고개를 들었다.

이런 상황에서 黃巢(황소)의 난이 발발했다. 황소군은 별로 강하지 않았지만 정부군은 고전을 면치 못했다. 황소군이 장안을 함락하자 황제 僖宗(희종)은 촉 지방으로 도망쳤다. 그러나 장안에 들어온 황소군은 폭정을 일삼아 사람들의 민심을 잃었다. 그럼에도 당나라 정부에서는 장안을 회복할 만한 힘이 없었다. 이때 돌궐 사타족 출신의 李克用(이극용)과 황소군의 간부였다가 당나라 조정에 투항한 朱溫(주온: 후에 당으로부터 全忠(전충)이라는 이름을 사사받음)의 활약으로 장안이 회복되게 된다.

이 시기 주전충은 汴州(변주)를 중심으로 山東(산동), 河南(하남)을 지배하고 있었다. 또 李克用(이극용)은 太原(태원)을 중심으로 山西(산서)를 지배했고, 劉仁恭(유인공)은 河北(하북)을 지배했으며 李茂貞(이무정)은 陝西(섬서) 일대를 장악하고 있었다. 특히 주전충은 정략에 뛰어나 가장 앞서 나갔다. 당 조정을 장악한 주전충은 황제를 꼭두각시로 만들고 907년에는 강제로 선양받아 後梁(후량)을 건국했다. 이로써 당나라는 완전히 멸망하게 되었다. 그 뒤를 따라 이극용이 後唐

(후당)을 건립했고 後晉(후진), 後漢(후한), 後周(후주) 등의 왕조가 잇달아 생겨났다. 황하 유역을 중심으로 화북을 통치했던 이 다섯 나라를 오대라 하는데 화중, 화남과 화북의 일부를 지배했던 여러 지방정권(十國, 십국)의 격변기를 합쳐서 五代十國(오대십국, 907~960)시대라고 한다. 십국은 吳(오), 南唐(남당), 吳越(오월), 閩(민), 荊南(형남), 楚(초), 南漢(남한), 前蜀(전촉), 後蜀(후촉), 北漢(북한)을 포함한다.

5대의 황제들은 각기 자기가 당나라의 정통적 계승자의 지위를 가지고 있고 10국의 군주들도 5대의 황제와 대등하다는 의식을 갖고 있었다. 이들은 모두 부국강병에 힘썼고 각 지역을 개발하고 생산을 늘리기 위한 정책을 실시했다. 그러나 군벌들이 가혹하게 통치를 해서 지주와 부자상인, 지방의 지식인들 사이에는 군벌을 배척하고 통일을 이루려는 움직임이 일어났다. 이들의 강한 결속력으로 960년 趙匡胤(조광윤)이 오대의 마지막 왕조인 후주로부터 선양을 받아 開封(개봉)에 도읍을 정하고 송나라를 세운다. 이렇게 5대 10국은 50년간의 혼란을 마감하고 중국대륙은 다시 통일되었다. 송나라는 통상 1127년 금나라의 확장에 밀려 장강 이남으로 옮기기 전을 북송, 이후 臨安(임안)에 도읍을 옮긴 것을 남송이라고 불러 구분한다.

2. 전족

이 시기에는 옛 중국을 대표하는 특이한 풍습 중 하나가 확산되었다. 바로 '纏足(전족)'이라는 것이다. 전족이란 여자아이가 네댓 살 무렵 발을 엄지발가락만 남기고 긴 헝겊으로 꽁꽁 동여매서 발이 더 못 크게 만드는 풍습이다. 이렇게 동여맨 발은 기형이 되고 아이는 뒤뚱거리며 아장아장 걷게 된다. 이들의 걸음걸이를 중국에서는 金蓮步(금련보) 또는 蓮步(연보)라고 했다. 그것은 이들이 세 치(三寸)밖에 안 되는 발에 수를 놓은 繡緞(수단)신을 신고 걸어서 三寸金蓮(삼촌금련)이라 부른 데서 유래했다. 또 전족의 모양이 봄의 죽순같이 생겼다고 春筍(춘순), 초승달을 닮았다고 新月(신월)이라 부르기도 했다.

전족이 어떻게 유래되었는지에 대해서는 殷(은)나라 紂王(주왕)의 비 妲己(달기)에 관한 전설이 있다. 달기는 원래 여우였기 때문에 사람으로 둔갑을 해도 발을 감출 수가 없었다. 그래서 달기는 천으로 발을 감추고 다른 궁녀들도 자기를 따라 하게 했는데 여기서 전족풍습이 퍼졌다고 한다. 그러나 사료를 살펴보면 육조시대에 전족의 기원이 보인다. ≪南史(남사)≫에 따르면 齊(제)나라 東昏侯(동혼후) 蕭寶卷(소보권)이 애첩 潘貴妃(반귀비)를 위해 금붙이를 두들겨 金蓮花(금련화)를 만들었다고 한다. 그는 이 금련화를 땅에 붙이고는 반귀비가 그 위를 걸어가게 했는데 혹자는 이것이 전족의 시작이라고 했다. 이 밖에 육조의 악부 <雙行纏(쌍행전)>, 당 韓偓(한악)의 <屐子(극자)>의 내용을 보면 당시 이미 전족이 있었음을 알 수 있다.

중국인들은 아무리 미모가 뛰어나도 전족을 하지 않으면 미인으로 여기지 않았다. 조비연도 그런 경우였다. 중국의 대표적인 미인으로 꼽히는 그녀는 전한 성제의 총애를 받았는데 허리가 워낙 가늘고 발이 작아서 손바닥 위에서 춤추는 것 같았다고 전해진다. 한편 육조시대에 쓰인 ≪飛燕外傳(비연외전)≫을 보면 성제가 만년에 정력이 감퇴했을 때 비연의 전족을 보고 욕정을 느꼈다는 기록이 있다. 이 이야기에서도 전족이 중국의 남성들이 느끼는 성적 욕구와 상관관계가 있었다는 것을 알 수 있다.

이와 달리 오대에 전족이 생겼다는 견해도 있다. 張邦基(장방기)의 ≪墨莊慢錄(묵장만록)≫을 보면 북송 때 전족이 생겼다고 한다.

> "전족이라는 기이한 풍습이 생긴 것은 북송 때부터였다. 남당의 李後主(이후주: 후주는 망한 나라의 마지막 군왕) 때에 시작하여 송말까지 이르렀으며, 이후에는 없어졌다."

≪道山新聞(도산신문)≫에서도 南唐(남당)의 후주인 제2대 元宗 李璟(원종 이경)이 여자들의 발을 묶는 관습을 도입했다는 기록이 있다. 후주에게는 窅娘(요낭)이라는 가냘프고 춤을 잘 추는 애첩이 있었다. 후주는 높이 6척의 금련을 만들어 진귀한 보물로 장식하고 구슬로 치장한 뒤 그 안에 갖가지 색깔의 瑞蓮(서련)을 만들게 했다. 요낭은 흰 비단으로 발을 감싸고 끝을 구부려 초승달 모양을 만들게 한 후 비단 버선을 신고 연꽃 안에서 춤을 추게 하니 그 모습이 구름을 노니는 듯했다고 한다. 이후 많은 사람들이 이를 모방했고 궁 밖으로도 풍습이 전해졌다.

한편 ≪輟耕錄(철경록)≫에는 宋 神宗(송 신종) 때인 "元豊(원풍) 이전에는 발을 싸매는 것이 적었지만 宋末(송말)에는 큰 발을 수치로 여겼다."는 기록이 있다. 그리고 북송 徐積(서적)의 ≪咏蔡家婦(영채가부)≫에는 "사지를 잡아맬 줄만 알았지, 두 다리를 싸매는 것은 알지 못하네."라고 했다. 이 모두는 송대 부녀자들 사이에 전족이 널리 퍼졌다는 근거가 된다. 전족의 효시에 대해서는 이처럼 여러 설이 엇갈리지만 이상의 기록들은 그 시대에 이런 풍습이 널리 퍼진 것을 보여 준다. 송대에 이르러 전족은 더욱 확산되었다. 송말에서 원대에 이르면 여성의 큰 발 자체를 수치로 여기게 되었다. 여자가 전족을 하지 않고 귀를 뚫지 않으면 大脚仙(대각선: 발 큰 선녀), 半截美人(반재미인: 반쪽 미인)이라고 웃음거리가 되었다. 발 큰 여성은 시집가기조차 힘들었다. 후대의 경우지만 명대의 ≪板橋雜記(판교잡기)≫를 보면 전족을 하지 않아 놀림받은 여인의 이야기가 나온다. "顧喜(고희)는 발이 섬세하고 아름답지 못해 사람들이 '顧大脚(고대각: 왕발 고씨)'이라고 불렀다."는 것이다.

이렇게 여성의 전족은 여성미를 나타내는 조건이 되었다. 이를테면 남송 때는 노래하는 기녀에 대해 '四絶(사절: 네 가지 장기)'을 요구했다. 사절이란 脚絶(각절: 발이 예쁠 것), 歌絶(가절: 노래를 잘할 것), 琴絶(금절: 가야금을 잘 탈 것), 舞絶(무절: 춤을 잘 출 것)을 말한다. 전족은 남자들에게 낮 동안에는 감상의 기쁨을 주고 밤에는 노리개로 활용되었다. 고대 문인들이 여성의 작은 발을 노래한 작품 역시 적지 않다. 송대 蘇東坡(소동파)가 쓴 ≪菩薩蠻(보살만)≫은 여성의 전족을 노래한 최초의 詞(사)로 알려져 있다.

> 향 바르니 연꽃 걸음 아끼지 마소. 비단버선 물결 넘어 가버릴까 늘 근심하는데. 춤추니 도는 바람만 보이고 종적은 간 곳조차 없네. 살그머니 궁중풍으로 얌전히 차려입고 두 발로 서고자 하지만 넘어지고 마네. 가늘고 고와 아마도 어려울 것 같으니 손바닥 위에서나 보아야 할 걸.

청대 소주에서 유행하던 산가 <纏金蓮(전금련)> 역시 남자가 여성의 작은 발에 몰두하는 모습과 여성이 자신의 '三寸金蓮(삼촌금련: 세 치 전족)'에 대해 의기양양해하는 모습이 생생하게 묘사되어 있다. 중국남성들은 연회석상에서 여성의 세 치 신발을 술잔 삼아 술을 마

시기도 했다. 陶宗儀(도종의)의 ≪輟耕錄(철경록)≫에는 揚鐵崖(양철
애)라는 사람이 전족에 탐닉하여 가기나 무녀들 중 가녀리고 조그마
한 전족을 한 자가 있으면 그 신발을 잔으로 삼아 술잔을 돌렸다고
한다. 중국에서는 이 술잔을 金蓮杯(금련배)라고 했다. 또 명대소설
≪金甁梅(금병매)≫ 제6회에는 西門慶(서문경)이 潘金蓮(반금련)의 작
은 신발을 벗기고 신발에 술을 담아 마시며 노는 대목이 나온다.

　또 청대 方絢(방현)은 ≪貫月査(관월사)≫에서 연회석상에서 행하
는 놀이 중 전족에 대해서도 언급하고 있다. 즉 여인의 작은 금련신
발을 쟁반 위에 올려놓고 한 자 다섯 치 정도의 거리 밖에서 손님들
이 젓가락으로 팥이나 연밥 등을 집어 던지는 놀이다. 만일 들어가지
않을 경우에는 벌주를 마셔야 한다. 또 그는 ≪采蓮船(채련선)≫에서
전족신발을 술잔으로 술을 마시는 데는 신발의 향기를 맡으려는 의
도도 있음을 언급하고 있다. 중국인들은 아예 자기로 세 치 전족 모
양의 술잔을 만들어 마시기도 했다.

金蓮杯(금련배)

그러나 청대에 와서 전족이 낡은 풍습이라고 금지하는 일이 생겼다. 順治(순치) 원년 孝章皇后(효장황후)는 백성들에게 여자아이의 전족을 금한다는 조서를 내렸다. 순치 17년에는 특서를 내려 전국에서 철저히 전족의 폐습을 청산하기로 하고 이를 어기는 자는 처벌했다. 그러나 이후에도 전족 금지는 그 효과가 미비했다. 처음에는 일괄적으로 금지했으나 이후 궁정에서는 금지했지만 민간에서는 금지하지 않았고, 또 만주족 여성만 금지하고 한족여성은 금지하지 않는 등 폐습의 악순환이 이어졌기 때문이다.

다음으로는 전족의 기능에 대해 살펴보기로 하자. 전족의 기능은 정절, 성기관의 발달, 성적 매력 등 여러 설이 있다. 이 중 정절을 위해서라는 것은 발을 작게 만들어 빨리 뛰지 못하게 해서 집 안에 묶어 두기 위해서라는 말이다. 전족을 한 여성은 엄지발가락에만 의지해서 아장아장 걷기 때문에 자칫하면 넘어지기 일쑤다. 쉽게 말해 빨리 뛸 수가 없기 때문에 집 밖 출입이 부자연스러운 것이다. 전족은 여성이 일부종사를 하라고 강요하면서 생긴 것으로 외부와 빈번한 접촉을 막는 기능을 했다.

≪女兒經(여아경)≫에는 다음과 같은 말이 있다.

> "왜 발을 감싸야 했을까? 구부러진 발이 보기 좋아서가 아니라 그녀가 방문을 쉽게 뛰쳐나갈까 두려워 꼭꼭 감싸서 속박하는 것이다."

또 다른 원인으로는 남성의 변태적인 성적 기호와 욕구만족을 위해서라고 한다. 의학박사이자 전족연구자인 張慧生(장혜생)은 다음과 같이 이야기한다.

현대여성들이 하이힐을 신어도 엉덩이가 뒤로 나오고 뒤뚱거리며
걷게 되는데 이 모습을 섹시하다고 여기는 남성들이 많다. 1950년대
유명한 섹스심벌이었던 미국의 영화배우 마릴린 먼로의 걸음걸이도
유달리 엉덩이를 흔들며 뒤뚱거리는 모습이었다. 전족한 여성 역시
마찬가지다. 혹자는 전족이 여성의 성욕을 증가시킬 수 있다고 한다.
이런 설에는 분명 근거가 있는 것 같지만 중국남성들이 전족에 집착
한 데는 역시 여성의 육체적인 변화보다는 심리적인 면이 더 컸을 것
으로 보인다.

중국인들은 전족한 발을 성의 상징으로 여겼기 때문에 밤에도 전
족신을 신고 벗지 않았다고 한다. 송대 이후의 춘화를 보면 여성이
허벅지를 드러낸 채 전족한 발을 남자에게 맡기고 있는 그림이 있다.
이렇게 여성의 알몸을 그린 그림은 많지만 전족의 피륙까지 완전히
푼 여성의 발을 보여 주는 그림은 없다. 옛날 중국에서는 여성의 유
방이나 음부보다 전족한 발을 더 은밀한 부분으로 여겼기 때문이다.
이것은 중국춘화의 한 특징이라 할 수 있다. 미국의 어느 소설가는
다음과 같은 재미있는 말을 한 적이 있다.

이다. 또한 사모아 여인은 배꼽을 가리고 중국 여자는 발을 가릴
것이다."

　이런 유머에서 알 수 있듯이 중국 여성들은 전족한 발을 몸의 가장
은밀한 부위로 여겼다. 전족이 성의 상징이 되자 중국에서 남성이 여
성의 발을 만지는 것은 교접의 예비행위로 여겨졌다. 남성은 전족을
한 여인에게 붉은 신을 선물한다. 이것은 기록에 따르면 挽(만)이라
하는데 첫날밤 치르는 의식의 시작이다. 그다음 남녀가 침상에 오르
면 사내는 즐거운 마음으로 여인의 전족한 발에 묶은 띠를 풀어 준다.
이것이 脫(탈)이다. 그다음은 준비한 깨끗한 물로 발을 씻어 주는데
이 의식을 洗(세)라고 한다. 발톱을 깎아 주고 엉겨 붙은 군살을 밀어
내는 것이 磨(마), 씻은 다음 향기로운 분가루를 뿌려 주는 것이 拭
(식), 발톱 등에 아름다운 색깔을 입히는 것을 塗(도)라고 한다.

　대부분의 남성들이 전족에 광적으로 집착하는 가운데 전족을 연구
하는 전문가가 등장했다. 그중 가장 유명한 사람은 청대의 李笠翁(이
립옹)과 方絢(방현)이다. 이립옹에 의하면 전족을 하는 가장 큰 목적
은 남자들의 성적 기호를 만족시키고 애무를 하기 위한 것이다. 그는
전족이 남성의 시각, 후각, 촉각, 청각을 자극할 수 있다고 보았다. 이
네 가지 감각으로 전족 감상의 포인트를 나눌 수 있다. 감상의 포인
트는 모양, 질, 자세, 神(신)의 네 가지로 나뉜다. 먼저 모양이 아름다
운 것은 다음과 같다.

　纖(섬: 가늘다), 銳(예: 뾰족하다), 瘦(수: 여위다), 彎(만: 활처럼 굽
다), 平(평: 편편하다), 圓(원: 둥글다), 直(직: 곧다), 短(단: 짧다), 窄(착:
좁다), 薄(박: 얇다), 翹(교: 엄지발가락이 갈퀴 모양으로 되어 있어 위

로 펼 수 있는 모양), 稱(칭: 발가락의 비례가 균형 잡힌 것)이 있다.

또 질적으로 아름다운 것은 輕(경: 가볍다), 潔(결: 맑다), 白(백: 하얗다), 潤(윤: 빛나다), 溫(온: 따뜻하다), 軟(연: 부드럽다) 등이 있다. 다음으로 자세가 아름다운 것은 嬌(교: 맵시 있다), 巧(교: 어여쁘다), 艶(염: 곱다), 媚(미: 상긋거리다), 穩(온: 편안하다) 등의 경우고 神(신)의 아름다움은 幽(유: 그윽하다), 閑(한: 여유 있다), 雅(아: 우아하다), 秀(수: 빼어나다), 韻(운: 운치 있다) 등의 경우가 된다.

한편 중국인들은 전족을 손바닥 위, 어깨 위, 그네 위에 놓고 봐야 아름답다고 여겼다. 또 이불 속, 등잔불 속, 눈(雪) 속에 전족을 넣고 볼 때 아름답다고 순서를 매기기도 했다. 이것이 전족이 남성의 시각을 자극하는 데 대한 기술이니 참으로 독특한 취향이 아닐 수 없다.

한편 촉각 즉 애무의 방법으로는 입을 사용하는 것이 6가지, 손을 이용하는 것이 28가지, 발을 쓰는 것이 4가지, 어깨를 쓰는 것이 2가지, 몸을 이용하는 것이 4가지로 도합 48가지로 정리했다. 이 48가지 애무방법 중 몇 가지를 정리하면 다음과 같다. 食(식)은 전족의 꺾어진 발가락 사이나 발바닥의 깊은 홈 속에 수박씨나 건포도 등을 넣어 두고 이것을 혀로 빼 먹으면서 성적 흥분을 유발케 하는 것이다. 그리고 承(승)은 여성의 전족을 남성의 볼, 남성, 다리 등으로 옮겨 가면서 애무를 하다가 맨 끝에 사타구니 위에 얹어 놓는 전희이다. 懸(현)은 전족을 싸매고 있는 긴 천을 풀어서, 이 천으로 여성의 다리를 침대에 거꾸로 매달아 놓고 성을 즐기는 것이다. 그리고 咬(교)는 발의 앞부분을 세게 깨무는 것을 말한다. 捻(염)은 발끝을 세 개의 손가락으로 꼬집는 것이고 握(악)은 두 손으로 쥐는 것이고 捏(날)은 반주하듯이 주무르는 것이고 搔(소)는 전족의 발바닥을 살살 간지럽게 긁는 것이다. 또 여성의 두 발 끝을 맞추어 쥐고 움푹 팬 작은 공동 속으로 남성을 삽입해서 마찰하는 것을 弄(농)이라고 한다. 이 밖에 擧(거), 推(추), 挑(도), 揖(견), 玩(완) 등 여러 가지가 있었다.

한편 방현은 <香蓮品藻(향련품조)>라는 글을 썼는데 여성의 작은 발에 대해서 칭찬받아 마땅한 것, 영예롭게 사랑받는 것, 싫어하는 것, 굴욕적인 것 등 58항목을 쓰고 있다.

이렇게 전족에 심취하는 심리는 아무래도 변태적이어서 오늘날의 시각으로는 혐오감마저 느끼게 한다. 이런 취미를 金蓮癖(금련벽) 또는 蓮癖(연벽)이라고 불렀는데 연벽을 가진 남성의 욕구를 충족시켜 줄 수 있는 여자들은 아무래도 상류층이 많았다. 생계를 책임져야 하는 하층계급 여성의 경우 걷기조차 불편한 발을 동여매고 관리한다는 것이 아예 불가능하기 때문이다. 또 전족한 발을 감상할 수 있는 남성도 돈 있고 여유 있는 상류층일 수밖에 없었다.

명대 沈德符(심덕부)의 ≪萬歷野獲編(만력야획편)≫에서는 당시 "浙東(절동) 천민들은 남자가 책 읽는 것을 허용하지 않았고, 여자가 전족하는 것을 허용하지 않는다."고 했다. 또 伊世珍(이세진)의 ≪琅環記(낭환기)≫에는 "부귀한 집 여자들은 반드시 전족을 해야 하는데… 여자를 중히 여겨 경거망동하지 말라고 그 발을 싸매어 규방의 문지방을 넘지 못하게 한 것이다."라는 대목이 나온다. 여기서 옛 중국에서 전족이 마치 귀족의 특권인 것처럼 여겨졌던 것을 알 수 있다. 그러나 사회적으로 연벽이 일어나자 여성의 의식 역시 바뀌었다. 민간이나 궁중에서 모두 전족을 억압이라고 생각하지 않았고 작은 발을 보물로 여겼으며 고귀한 신분의 상징으로까지 여겼다. 전족을 하지 않은 여자는 정실이라도 첩의 눈치를 보아야 할 만큼 전족이 필수가 되었다. 전

족을 안 한 여인은 콤플렉스에 시달리고 다른 여인을 질투하는 상황
이 생겨났다.

전족은 여자아이가 4, 5세 때 시작했는데 8월 24일 길일을 택해 아
이의 발을 동여맸다. 발을 싸맬 때는 엄지발가락을 제외한 네 발가락
을 발바닥 쪽으로 구부리고 흰 띠로 꽉 맨다. 그다음에 끝이 뾰족한
신을 신는데 낮에는 집안사람들이 그것을 잡고 다니고 밤에는 흰 천
을 실로 칭칭 감아 풀어지지 않게 한다. 전족한 다음 날에는 粽子(종
자)를 먹는 풍습이 있었다. 종자는 찹쌀에 대추 따위를 넣어서 댓잎이
나 갈잎에 싸서 쪄 먹는 음식이다. 바로 종자가 전족한 발의 모습을
닮았기에 이런 풍습이 생긴 것이다.

7, 8세가 되면 다시 발가락뼈를 구부려 흰 천으로 단단히 묶고 이
후 하루씩 좀 더 단단히 매서 발을 변형시킨다. 이렇게 된 여성은 결
국 엄지발가락에만 의지해서 걸어 다니게 된다. 그러나 '小脚一雙, 眼
淚一缸(소각일쌍, 안루일항: 작은 발 한 쌍에 눈물 한 항아리)'라는 말
처럼 전족은 엄청난 고통을 요하는 것이었다. 李汝珍(이여진)은 소설

粽子(종자)

≪鏡花緣(경화연)≫에서 다음과 같이 전족의 고통을 설명한다.

> "처음 전족을 할 때는 여인들이 무척이나 고통스러워했다. 발을 어루만지고 울부짖고, 심지어 살이 썩어 들어가고 선혈이 뚝뚝 떨어졌다. 이때 밤에 잠도 못 이루고 먹는 것도 넘기지 못하고 오열한다. 이 때문에 갖가지 병이 났다."

또 이여진은 ≪경화연≫에서 가상의 나라 여인국을 묘사하고 있는데 이 나라에서는 여성이 국왕이고 남성들은 왕비와 궁녀 노릇을 한다. 그래서 현실과 정반대로 남성들이 전족의 고통을 당하는 상황이다. 이여진은 이렇게 여성이 전족을 하는 고통을 상세히 묘사하며 다음과 같이 비판하고 있다.

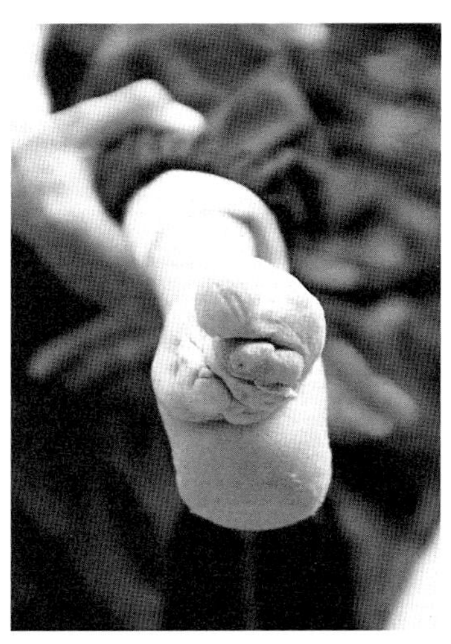

전족으로 변형된 발

"여성의 발이 작다고 어찌 아름다운 면이 있을까? 온 세상이 미친 듯이 이를 따라 한다. 나는 어린아이의 수족을 상하게 해서 미를 구하는 것을, 부모의 유골을 불태워 복을 구하는 것과 같다고 생각한다. 슬프다!"

끊임없는 전란의 소용돌이 속에서 뒤뚱거리며 제대로 못 걷는 중국여인들은 남자보다 더 많이 희생될 수밖에 없었다. 전족을 좋아하는 고관대작에게는 황홀한 밤이었을지 모르지만 여성에게는 학대이며 고통스러운 밤이었다. 옛사람 중에서도 이미 회의적인 태도를 보인 사람들이 있었고 진보적인 사상가들은 이를 비판하기도 했다. 청대의 袁枚(원매)는 《牘外餘言(독외여언)》에서 이를 비판한 바 있다. 청말 도광연간에 龔自珍(공자진)은 '자연의 발로 돌아가자'는 天足會(천족회) 운동을 펼치며 여러 차례 이를 시로 읊었다.

"아내를 얻었는데 다행히 궁벽한 곳의 씨앗을 얻었네. 옥 같은 얼굴에 큰 발을 가졌으니 선녀로다."

1883년 康有爲(강유위)는 고향인 廣東 南海(광동 남해)현에서 개화된 사람들과 함께 不纏足會(부전족회: 전족반대단체)를 창립했고 또 다른 개혁파 지도자인 梁啓超(양계초)도 적극적으로 참여했다. 청말에 발생한 천족운동은 이들에 의해 주도되었고 사회적으로 전족에 대한 관점에 변화를 일으켰다. 그러나 전족의 폐해를 안다고 해도 전족을 해야 좋은 데 시집간다는 인식은 여전했기 때문에 일반인들은 여전히 망설였다. 이런 문제점을 극복하기 위해 천족운동모임에서는 회원들 간의 결혼을 권장하기도 했다. 전족을 하지 말자는 홍보가 이 당시 학교교육에 나타난 데서도 천족운동이 사회 전반부에 침투했음을 보여 준다. 민국 시기에 들어서서 천족운동은 더욱 확대되었다. 이 시기에는 정부기관이 전족 금지를 주요 임무로 인식하고 여성의 전족을 풀게 했다. 전족을 하면 벌금을 물리거나 전족을 풀게 하는 업무를 담당하는 관리를 두었고 정부 관원을 평가하는 지표에도 전족 금지 성과를 포함시켰다. 이런 일들은 당시 각 성 정부가 시행한 천족운동의 방법들이다. 그러나 여성의 발을 치부로 생각하는 인식이 남아 있었기 때문에 강제적인 전족 풀기는 여인들에게 크나큰 수치심을 안겨 주었다. 천족운동을 시행하는 과정에서 여성들이 이를 비관해 자살하는 일도 비일비재했다. 1940년대까지도 하녀에게 전족을 시켜 일신의 욕구를 채우는 남성들이 있었으니 천족운동으로 봉건적 인식을 일시에 변화시키기가 어려웠으리라는 것은 짐작할 수 있다. 과거 전족을 한 여인들은 발을 졸라 맨 천을 푸는 대신 양말로 바꿔 신었지만 이미 기형이 된 발은 되돌릴 수 없었고 전족이 가져온 보행의 불편함과 각종 고통을 감수하며 살아야 했다. 1949년 毛澤東(모택동)이 사회주의 혁명과 함께 공식적으로 중국에서 전족을 소멸시켰으나 아직까지 중국인들의 생활에는 전족의 잔재가 남아 있다. 70세 이상의 노인들 가운데 여전히 전족의 고통을 감수하며 살아가는 여인들이 남아 있는 것이다.

우리나라 사람들의 보편적 개념에도 '여자는 발이 작아야 한다'는 사고가 있는 것이 사실이다. 서양에서도 '거위발(goose-foot)'이라는 말에서 발이 큰 여성을 매력 없는 여자로 보는 시각을 볼 수 있다. 전족이 금지되고 폐습의 시대가 마감됐지만 여성의 미에 대한 인식에는 여전히 그 잔재가 남아 있다. 비록 여성 스스로 원해서 신는 것이지만 현대여성이 즐겨 신는 하이힐도 전족의 맥을 잇는 거나 마찬가지다. 이런 점에서 발에 관한 봉건적 관념이 완전히 바뀌지 않았음을 알 수 있다.

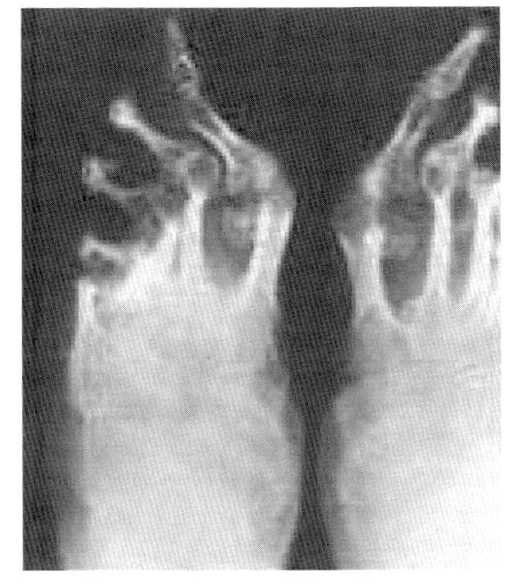
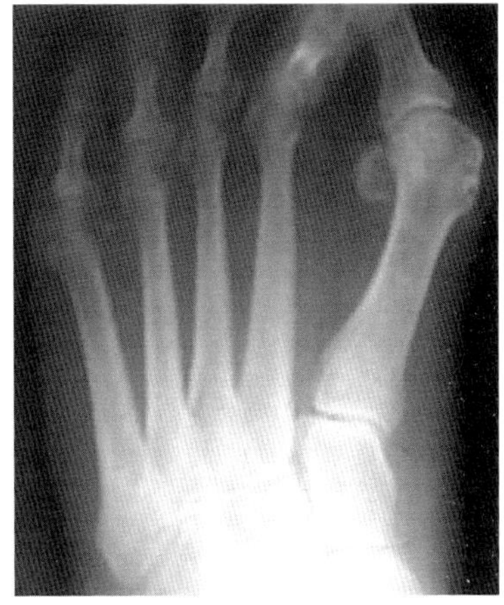

전족으로 변형된 발   하이힐을 신어 변형된 발

3. 오대십국과 송대의 성문화

오대십국 가운데 閩國(민국)에 惠宗王 延鈞(혜종왕 연균)이 있었다. 중국의 역대 제왕들이 그랬듯이 수많은 여인들에게 둘러싸여 지내던 그는 독특한 취향을 생각해 냈다. 그의 침소는 금박으로 수놓은 아홉 마리 용이 그려진 휘장 안에 내부가 훤히 비치는 구조였다. 그는 陳金鳳凰后(진금봉황후)와 관계를 맺을 때 휘장의 네 귀퉁이에 네 개의 등을 걸어 휘장 안을 환하게 밝혀 놓았다. 이 장면을 궁녀와 태감이 밖에서 지켜볼 수 있게 했다. 때로는 궁녀들로 하여금 황후의 신음소리를 따라 하게 해서 휘장 안팎이 신음소리 대합창으로 진동하게 할 만큼 엽기적이었다.

한편 金(금: 1115~1234)은 북방 유목민족 중 하나인 여진족이 세운

왕조다. 송과는 동맹을 맺었다가 전쟁을 하기도 하면서 공존했다. ≪金史(금사)≫에 나오는 海陵王(해릉왕)의 취향은 민국 혜종왕의 그것과 유사한 측면이 있다. 해릉왕은 여자와 관계를 맺을 때마다 반드시 음악을 연주하게 했는데 가끔씩 휘장을 걷고 그 앞에서 음담패설을 하게 했다. 또 처녀를 강간하는데 처녀가 반항을 하면 元妃(원비)와 비빈들을 시켜 처녀의 수족을 붙잡게 하여 못 움직이게 하고 강간했다. 때로는 비빈을 줄지어 앉혀 놓고 처녀와 관계 맺는 장면을 구경하게 했다. 또 다른 사람으로 하여금 그 음란한 장면을 흉내 내게 하고는 웃고 즐기기도 했다니 변태적 취향이 아닐 수 없다.

그러나 송 건국 이후에는 남녀 간의 예교가 강조되었다. 송 조정에 鄭綺(정기)라는 사람이 있었는데 가규를 많이 만들었다. 이후 그의 6, 7, 8대손은 이를 보충해 ≪鄭氏規範(정씨규범)≫ 168칙을 만들었는데 지금도 전해지고 있다. ≪정씨규범≫ 168칙의 내용을 보면 대단히 금욕을 강조한다. 고대 유가의 경전인 ≪禮記(예기)≫에 나오는 "남녀가 친히 물건을 주고받지 않는다."는 식의 관점을 발전시킨 것이다. 성리학적 남녀예교의 강요로 송대는 음란함이 가장 큰 죄악인 사회가 되었다. 그렇다면 송대의 봉건도덕 옹호론자들이 금욕을 제창하고 시행한 데에는 어떤 방법이 있었을까? 하나는 폭력적으로 그것을 강제하는 것이고 또 하나는 그 해악을 생각하고 자각해서 금욕하게 하는 것이다. ≪二程粹言(이정수언)≫ 권2에서는 다음과 같이 묻는다.

"누군가 좋지 못한 행동을 하는 것은 욕정이 그를 유혹했기 때문이다. 그를 유혹하는데도 알지 못한다면, 하늘의 이치를 멸하고 돌이킬 바를 모르게 된다. … 그렇다면 그 욕정을 어떻게 막아야 하는가?"

이렇게 송대에는 성리학의 남녀예교를 강요했지만 수많은 후궁을 거느리고 있던 황제들의 황음무도함은 이전과 다를 바 없었다. 북송의 仁宗 趙禎(인종 조정)은 原宵節(원소절)에 여러 예인들을 궁 안으로 불러 宣德門(선덕문)에서 공연하게 했다. 그런데 예인들이 하는 공연 중에는 여인들이 나체로 하는 씨름이 있었다. 물론 황실의 남자들이 이를 보고 즐기기 위한 것이었으니 당시 재상인 司馬光(사마광)이 이를 그만두게 하라고 상소한 기록이 ≪夢摩亭雜記(몽마정잡기)≫에 전한다.

통치계급도 마찬가지였다. ≪癸辛雜識(계신잡식)≫의 기록에 따르면 남송의 대장 楊政(양정)은 성품이 잔인했다. 그는 집에 가기를 많이 두고 있었는데 가기가 조금이라도 마음에 들지 않으면 곤장을 쳐서 죽였다. 이렇게 죽인 가기는 몸의 가죽을 벗겨서 벽 위에 걸어 놓고 사람들에게 보여 주기까지 했다. 그렇게 죽인 사람이 20~30명이 넘었다고 하니 끔찍할 따름이다.

南唐(남당) 마지막 왕 李煜(이욱)은 아내 大周后(대주후)가 죽은 뒤 처제를 소주후로 책봉했다. 이욱이 처제와 밀회를 가진 정경은 자신이 지은 <菩薩蠻(보살만)>이라는 사에서 잘 묘사되고 있다. 그러나 974년 남당은 송나라에 멸망당하고 이욱과 소주후는 포로가 되어 끌려갔다. 송태종 趙匡義(조광의)는 소주후의 미모를 보고 반해 자신의 鄭國(정국)부인으로 봉했다. 송태종은 시종을 보내서 정기적으로 그녀를 입궁하게 했다. 궁에서 성적으로 유린당한 그녀는 출궁할 때 항상 크게 울었다고 한다. 그런데 이욱은 자신이 지은 사의 내용을 알게 된 송 태종의 분노를 사 독살당하게 되었다.

그러나 역사는 돌고 돈다던가? 훗날 금나라가 북송을 침략했을 때 송태종의 후손인 徽宗(휘종)과 欽宗(흠종), 그 종실 비빈과 공주 3,000

여 명이 능욕당했다. 또 훗날 남송은 몽고와 연합해 금나라를 치는데 금의 왕후, 비빈을 모두 능욕했다. 아무튼 금나라가 송 황후와 비빈을 능욕하고 송이 금의 왕후 비빈을 능욕한 것 모두 여성을 성적으로 유린한 것이니 여성은 옛 중국에서 희생자일 뿐이었다.

역사상 궁중 안에서 여인들끼리 총애와 권력을 다투는 일은 흔했다. 황제의 수많은 여인들 누구나 황제의 눈에 들어서 자식을 낳아야 출세의 길이 열리기 때문이다. 수천수만이나 되는 여인들 중 극소수의 여자들만 황제의 성은을 입을 수 있었으니 서로 시기하고 다툼이 나는 것은 인지상정이었다. 남송에는 光宗(광종)의 황후 李鳳娘(이봉낭)의 경우가 잘 알려져 있다. 광종이 黃貴妃(황귀비)를 총애하자 이봉낭은 질투심에 눈이 멀었다. 광종이 제천행사를 위해 齋宮(재궁)에 머무는 틈을 타 그녀는 황귀비를 죽여 버렸다. 또 광종이 손을 씻을 때 팔보 세숫대야를 들고 시중드는 궁인이 있었다. 광종이 그녀의 손을 만져 보고 피부가 부드럽다고 칭찬했다. 황후가 이 소식을 전해 듣자 역시 가만있지 않았다. 그녀는 궁인의 두 손을 잘라 광종에게 보냈다. 광종은 이를 보고 혼절했고 여러 번 이런 일을 겪은 광종은 충격 때문인지 정신병자가 되었다. 일부다처의 상황은 지배층도 마찬가지였다. 지배층의 여성에게 아들이 없는 경우 처첩들은 씨받이를 들였다. 이렇게라도 아들을 낳은 뒤에는 자신의 지위가 훨씬 높아지기 때문이다.

남녀예교를 잘 알고 있는 남성문인들 중에도 여성을 희롱하고 학대한 사람들이 있었다. 송대의 대유학자인 蘇軾(소식)에게는 시첩 春娘(춘낭)이 있었다. 그러나 총애하는 마음도 잠시 뿐, 춘낭에게 정이 떨어졌는지 그는 춘낭을 말과 바꾸려 했다. 그러자 절망한 춘낭은 나무에 머리를 부딪쳐 죽고 말았다. 이 또한 남편에게 버림받으면 오갈

데 없는 시첩의 신세가 만들어 낸 비극이라 할 수 있다.

이렇게 옛 중국에서 여성에게 억압적인 봉건예교의 상황하에서 황제의 모친, 즉 태후가 정부를 들였다는 기록을 가끔씩 찾아볼 수 있다. 그것은 아들이 황제이기 때문에 눈치 보지 않고 자신의 억눌린 욕망을 발산할 수 있어서일 것이다. 오대에는 後唐 莊宗 劉后(후당 장종 유후)가 그런 경우였다. 송대에는 성리학의 남녀예교를 강요했지만 인간의 본성은 쉽게 억눌리는 것이 아니다. 특히 철저히 금욕하던 사람이 한번 욕정을 채우게 되면 더 수습하기 어려운 경우가 있다. 송대 廉宣(염선)의 필기 ≪淸尊錄(청존록)≫에는 이와 유사한 이야기를 찾아볼 수 있다. 적씨 부인은 절세미인이면서도 품행이 정숙하여 사람들이 그를 모범으로 여기고 칭찬이 자자했다. 그러나 후에 어느 비구니의 유혹에 빠져 부랑배와 관계를 맺게 되었다. 난생 처음 운우지정을 맛본 그녀는 부랑배와 서로 늦게 만난 것을 한하며 욕정을 불태웠다. 두 사람은 주위의 시선보다는 서로 간의 육욕에 빠졌고 적씨 부인은 그 부랑자를 그리워하다 끝내 병사했다고 한다. 염선은 이 일이 자신이 태학시절에 직접 겪었던 일이라고 밝히고 있다.

그리고 어느 조대나 마찬가지지만 지배층과 달리 민간에서는 이런 예교의 속박을 별로 받지 않았다. 남녀 간의 사랑이 자유로운 인성에 따랐다는 것은 그만큼 남녀관계가 비교적 평등했다는 것을 알 수 있다.

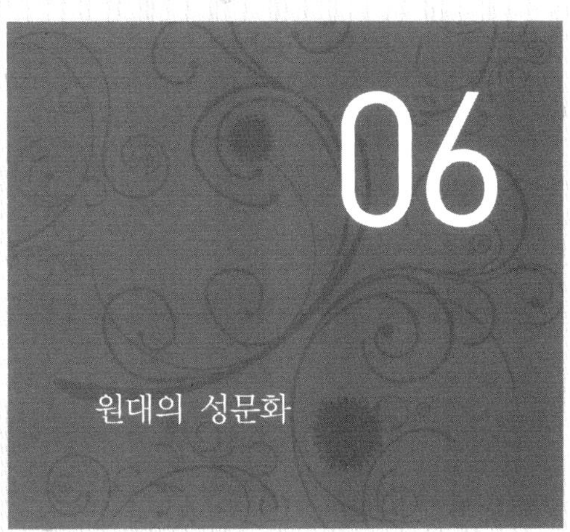

06
원대의 성문화

06 | 원대의 성문화

元(원: 1271~1368)나라는 중국이 몽골의 지배를 받은 시기를 말한다. 원은 유목국가인 몽골제국의 직계 국가였지만 중국화된 명칭과 제도를 사용하였다. 테무친은 몽고 명문 칸씨 출신의 부족장이었다. 그는 1188년경 몽고족을 평정하고 1206년 쿠릴타이에서 大칸으로 천거되어 칭기즈칸이 되었다. 칭기즈칸은 강력한 군대를 편성해서 동으로는 金(금)나라를 공략하고 황하 이북의 河北(하북)과 山東(산동)지역을 병합했고 서쪽으로는 중앙아시아에서 남러시아까지 제패해서 대제국을 건설하게 된다. 세계 역사상 아시아와 유럽에 걸친 전무후무한 대제국을 건설한 사람이 바로 칭기즈칸이었다. 그의 손자 쿠빌라이는 몽골 제국의 제5대 대칸으로 즉위하여 이민족으로는 처음으로 중국대륙을 완전 통일하고 1271년 국호를 大元(대원)으로 정했다. 원나라가 대칸을 정점으로 한 느슨한 연합으로 다시 묶이면서 실크로드 교역의 호황이 찾아왔다. 강남의 항만도시에서는 해상무역이 융성하였고, 일본 원정으로 인해 국교가 단절되었던 일본에서도 무역선이나 유학승이 계속 방문하여 교류가 지속되었다. 원나라의 번영이 유럽에까지 전해지게 되니 이런 상황을 가리켜 서양에서는 '팍스 몽골리카(Pax Mongolica: 몽고가 주도하는 세계평화)'라고 부르게 되었다.

원나라는 자국인 제일주의라는 이념을 가지고 있었기 때문에 몽고 민족 고유문화의 유지를 도모하고 한족과 지식인을 천대했다. 민족별로 ① 몽고인, ② 색목인, ③ 화북인, ④ 남송인(옛 남송 치하의 주민)의 순서로 구성된 신분 제도를 실시했다. 화북인은 하급 관리와 군인이 될 수 있었지만 남송인과 함께 한족은 세 번째, 네 번째 등급의 피지배층으로 분류되어 노예나 다름없는 생활을 하였다. 당시 직종별로 사회적 지위를 살펴보면 ① 고위 관리, ② 하위 관리, ③ 승려, ④ 도사, ⑤ 의사, ⑥ 공원, ⑦ 기술자, ⑧ 기녀, ⑨ 유학자, ⑩ 거지였으니 유학자는 기녀 다음이며 거지보다 한 단계 위로 평가되었다. 또 원대에는 과거를 폐지하고 세습이나 추천제로 고위관리를 임용했다. 이런 정책으로 원대의 유학자들은 산속으로 들어가 은둔해야 했다.

한족은 중국식 이름을 사용하지 못하고 몽고식 이름으로 바꿔야 했으니 한족 중심의 중국인에게 있어 이 시기는 몽고족에게 식민 지배를 당한 시대라고 할 수 있다. 극심한 민족 차별 정책으로 한족의 인구는 급감했다. 한족은 함께 모이는 것도 금지되었고 야간 통금제도도 실시되어 해가 지면 나돌아 다닐 수도 없었다. 열 가구의 한족

중 한 명은 몽골 병사의 시중을 들어야 했으며, 부엌칼도 열 가구에
오직 하나밖에 가질 수 없었다. 그것은 한족이 반란을 일으키지 못하
도록 감시하기 위한 조치였다. 몽골에서는 처녀가 라마승과 초야를
치르고 난 다음에야 다른 남자와 혼인을 할 수 있는 습속이 있었다.
이런 풍속을 적용하여 몽고가 직접 지배한 원대 중국의 한족 여성은
강제로 몽골병사에게 초야를 바쳐야 했다. 중국의 한족 여성이 몽골
병사에게 초야를 바쳐야 하는 습속은 옛 중국에서 약탈혼의 관습을
연상시킨다. 이것은 여자노예가 결혼할 경우 영주가 먼저 여자와 동
침하는 권리(초야권)와 비슷하다. 이로 인해 90여 년에 걸친 식민지배
동안 한족의 유전자에는 몽고족의 피가 많이 섞일 수밖에 없었다. 한
편 ≪元史(원사)≫, <형법지>에는 "모든 반란군인을 포로로 삼거나
포로를 약탈하면 … 적의 처속이 된 자는 관에서 발행하는 증표를 주
어 부속시킨다. 증표가 없는 자는 양민을 약탈한 죄로 그를 벌한다."
는 조항이 있다. 원나라가 중국을 통일하기 전 元 烈祖(열조)는 蔑兒
乞(멸아걸) 부족의 처를 욕보이고 빼앗아 왔는데, 후에 멸아걸 부족은
또 원 태조의 처를 겁탈하여 보복하였다. 이런 약탈혼은 중국에서 여
성을 노예와 사유재산으로 취급한 데서 비롯된다. 그러나 이런 행위
는 국법으로 수용될 수는 없었다. 멋대로 남의 아내를 약탈한다면 사
회질서가 무너지기 때문이다.

  원대의 국교는 라마교였다. 라마교는 '라마'라는 스승을 중시하기
때문에 붙여진 불교의 종파인데 원래 티베트에서 유래되었다. 티베트
불교 특성 중의 하나는 밀교라는 점이다. 그런데 티베트의 밀교를 탄
트라불교라고 하여 색안경을 끼고 보는 경우도 있다. 대표적인 것이
남녀가 교합하는 모습을 하고 있는 합체존이다. 한국에서는 합체존이

없지만 인도와 티베트에는 합체존이 대단히 흔하고 일본에도 환희불이라 하여 합체존이 있다. 여래도 합체존의 모습으로 묘사되는데 예외일 수가 없다. 그렇다면 신성한 불상을 남녀교합의 형상으로 만들어 놓고 거기에 경배를 하는 이유는 무엇일까? 불교는 원래 음란함을 경계하지만 특수 상황하에서 성불의 목적을 이루기 위해서는 어떠한 불교 계율의 속박도 받지 않는다는 말이 있다. 바로 ≪大日經(대일경)≫에 나오는 "보리심이 원인이고 大悲(대비)는 근본이며 방편은 궁극이다."라는 말이 그러하다. 티베트 밀교의 수행에서는 여성 동반자를 필요로 하는 성적인 행법과 자신의 신체 내부에 차크라라 불리는 신비적인 중심총을 인정하는 생리적 행법이 중요한 역할을 한다. 이에 따라 만들어진 것이 환희불(합체존)이다. 환희불은 金剛(금강), 明王(명왕), 관세음보살 등이 明妃(명비)를 껴안고 교합하는 자세를 하고 있는 것이 대부분이다. 명비는 여성으로 수련의 반려 역할을 하는 것이다.

환희불

원대에는 환희불이 광범위하게 만들어졌다. ≪元史(원사)≫ 권114 <后妃傳·上(후비전·상)>에는 "수도에 萬守寺(만수사)를 창건하고 그 안에 비밀 불상을 만들어 놓았는데 그 형상이 추하고 괴이해 황후가 손수건으로 자신의 얼굴을 가렸다."는 기록이 있다. 황후가 차마 보지 못하고 얼굴을 가린 이 불상은 남녀가 교합하는 환희불이 아니었을까? 티베트 밀교가 궁중 안까지 전파되자 중국의 방중술이 원래 정신과 달리 종욕의 구실로 악용되었듯이 티베트 밀교가 사이비 섹스교 정도로 오해받을 여지가 생겼다. 성리학적 예교가 강화된 명대의 학자들은 여러 차례 이 환희불을 소각시키자는 상소를 올리기도 했다. 그러나 밀교에서는 여성이 아닌 특정의 존엄한 부처를 눈앞에 놓고 그 대상과 일체하는 방법, 즉 사다나(성취법)를 사용하는 일이 더 중요하다. 이런 밀교의 진정한 의미는 명상자가 자기 눈앞에 임시로 신적인 존재를 설정하고 여기에 참된 신비적 존재가 깃들이게 해서 공양하는 것이다. 그리고 궁극적으로는 존상으로 나타나 있는 신적 존재와 자기가 합일하는 체험을 창조하는 것이다.

그러나 황제가 방중술에 탐닉하기는 원대도 다른 조대와 다를 바 없었다. 원의 마지막 황제 順帝(순제)는 불교와 도교를 믿고 도가의 방중술을 밀교의 성수련과 결합시켜 演揲兒法(연설아법)이라고 했다. 연설아는 '큰 기쁨'이라는 뜻이다. ≪元史(원사)≫, <哈麻傳(합마전)>에 따르면 순제가 색을 탐하니 신하들이 앞 다투어 서역의 방중술사를 데려와 추천했다고 한다. 집현학사 禿魯帖木兒(독로첩목아)는 서역의 라마승 伽璘眞(가린진)을 황제에게 추천했다. 가린진은 황제에게 쌍수법이라는 방중술을 전수해 주었다. 이에 황제는 서천승을 불러 司徒(사도)로 삼고 라마승은 大元國師(대원국사)가 되었다. 이 승

려들은 양갓집의 여자 서너 명을 취해 공양이라며 자신들을 받들게
했다. 황제는 더 많은 부녀자를 취해 쌍수법을 익히며 음행을 했다.
선발된 여자들은 16일 동안 마귀춤을 추었다. 巴朗(파랑)은 황제의 여
러 아우들과 伊納克(이납극)이라는 무리와 함께 남녀가 나체로 지내
기도 했다. 여기서 당시 궁정여성이 가무를 공연하고 통치자를 모시
는 것 외에도 군신과 승려들이 시행하는 방중술의 도구 역할을 했음
을 알 수 있다. 이에 관한 기록을 살펴보자.

伊納克(이납극) 무리는 고려 여인들을 염탐꾼으로 보내 귀인들의
명비 및 평민의 집을 샅샅이 뒤져서 용모가 수려하고 음란한 짓을
잘하는 자를 선발해 궁 안으로 들여오고 며칠이 지나면 내보냈다.
파랑은 황제의 동생인데 여러 이납극과 함께 황제 곁에 있으면서
서로 음란하고 무뢰한 짓을 일삼았으니 남자를 나체로 있게까지
했다. … 군신이 공공연히 음란한 짓을 하고 또 여러 승려들이 궁
안 출입을 했지만 막을 방도가 없었으니 그 추한 소리와 추악한 행
동이 외부에까지 알려졌다(≪續資治通鑑(속자치통감)≫ 권 211).

원대에도 이런 종욕에 일침을 가하는 방중술 전문가가 있었다. 李
鵬飛(이붕비)는 ≪三元延壽參贊書(삼원연수참찬서)≫에서 과도한 성
교, 정기의 손상이 불임의 중요한 원인이 된다고 보았다.

"서경에 따르면 남편이 과도하게 성교하면 腎精(신정)이 따뜻하지
않고 물처럼 맑고 얼음처럼 차가워져, 배설하고 모으는 것이 시기
에 맞지 않게 되니 이는 모두 자손을 끊는 것이다."

"서경에서 말하기를 여인이 지나친 성교로 기혈을 상하거나 월경이
지연되거나 적백색의 대하가 있거나, 음양의 기운이 조화를 이루지
못하거나 월경이 불순하거나 영양이 알맞지 않거나, 바람을 쐬어
냉한 기운이 정혈을 타고 자궁에 맺히면 자손이 생기지 않는다."

원대에는 방중술과 함께 라마교의 성수련이 유행했지만 과도한 성교가 오히려 성기능에 장애가 된다는 방중술의 원래 관점이 바뀐 것이 아닐 수 있다.

한편 원대에도 다른 조대와 마찬가지로 처첩 간의 예교는 엄격히 정해져 있었다. 첩을 들이는 데 그 수가 정해져 있었는데 이를 어기면 처벌한다는 규정이 있었다. 일례로 첩이 있는데 첩을 들이면 태형 47대에 처하고 헤어지게 했다. 또 남녀가 서로 간통을 공모하여 이혼하고 재물로 새로 장가드는 자는 곤장 97대에 처하고 간통한 여자는 원래 남편에게 돌려보내도록 했다. 그러나 실제 민간에서 처첩매매는 여전히 이루어졌다. 원, 명, 청 3대에는 부인이 불충을 범하거나 특정한 사고가 났을 때 남편은 아내를 팔 수 있는 규정이 있었기 때문이다. 그래서 많은 남성들이 이를 구실로 자기 욕심을 채울 뿐이었고 관리들이 기방에 출입하는 것을 금지했지만 이 또한 잘 지켜지지 않았다. 남녀 관계가 여성에게 절대 불리한 것은 원대에도 마찬가지였던 것이다.

원의 조정은 기녀를 비교적 엄격하게 관리했는데 관리가 기녀 집에 드나드는 것을 엄격히 금지했지만 실제로 잘 지켜지지는 않았다. 마르코 폴로의 《동방견문록》에는 다음과 같이 기록되어 있다.

> "새 도성과 옛 도성 근교에서 공개적으로 매춘을 하고 살아가는 창기들이 2만 5천여 명에 달했다. 기녀들은 백 명, 천 명 단위로 각각 특별히 파견된 관리가 감독했으며, 이런 관리들 또한 관할 관청에서 총관리를 받았다."

당국의 관리로 기녀들은 수도 북경에서 사창으로 몰래 영업을 할 수 있었지만 성내에서 개업은 허가되지 않았다. 한편 송대 이후 원대에도 評花榜(평화방)이라는 것이 있었다. 花榜(화방)이란 기녀를 품평하여 차등화한 것이다. 화방을 주관하는 사람이나 품평하는 사람 대부분은 기방을 자주 출입하는 전문가들이었다. 주관자는 먼저 기녀들을 선정하고 조목별 규정을 만든다. 그다음 모든 도시의 이름난 기녀를 불러 모아 술을 마시게 하고 등급을 정하고 품평한다. 결과는 그 자리에서 사람들에게 공개했는데 이를 둘러보는 자가 수만 명이나 되었다. 명단에 들지 못한 기생은 실망을 금치 못했고 좋은 논평을 받은 기녀는 몸값이 10배로 뛰기도 했다. 이런 사실에 미루어 보면 당시 기생이 오늘날 여성연예인이 하는 역할을 담당했고 그만큼 인기가 있었다는 것을 알 수 있다.

남녀 간의 예교에서 여성에게만 정절을 강요하는 이런 상황은 원대에도 지속되었다. 明善(명선)의 작품 ≪節婦馬氏傳(절부마씨전)≫에는 가슴에 종기가 난 과부가 절개를 지키느라 의원에게 가슴을 보이지 못한 일이 기록되어 있다. 이 과부의 병을 안 어떤 사람이 말하기를 의원을 불러서 보여야지 그렇지 않으면 위험하게 된다고 했다. 그러나 마씨는 "나는 차라리 양씨의 과부로 죽을지언정 이 병을 남자에게 보일 수 없다."며 버티다 병이 악화되어 죽고 말았다.

원말에는 潘元紹(반원소)라는 무장이 있었는데 그의 첩들이 죽음으로 남편에게 절개를 지킨 일이 다음과 같이 전해진다. 반원소에게는 일곱 명의 첩이 있었는데 주원장 군대와의 전투를 앞두고 그가 집을 떠나게 되었다. 그가 떠나고 주원장 군대가 집에 들이닥치면 가족 모두가 잡혀가게 될 판이었다. 그는 첩들에게 말했다.

"나는 나라의 중대한 임무를 부여받아, 의를 위해 집안을 돌보지

못한다. 너희들은 자결하여 뭇사람들에게 웃음거리가 되지 않도록
하라."

　그러자 첩들이 차례로 자결하여 절개를 지켰다고 한다. 이 이야기
는 후대로 전해져 반원소가 나라를 위한다는 말을 듣고 일곱 첩이 남
편의 은덕에 보답한다는 이유로 자결했다는 미담이 되었다. 그러나
그녀들이 죽은 것은 정절을 지키기 위해서가 아니라 자결하지 않으
면 칼을 빼 든 남편의 손에 죽게 될 것이니 그랬다. 이 상황에서 여인
들이 남편을 붙들고 울고불고 매달리는 일이 분명 있었을 것이다. 이
렇게 집안을 내팽개치고 주원장 군대와의 싸움에 나선 반원소는 전
쟁터에서 죽기는커녕 주원장에게 투항해서 혼자 목숨을 건졌다고 한
다. 이 어찌 비겁하고 위선적인 남자의 행태가 아니겠는가?

　여성에게만 정절을 강요하는 남성들의 비뚤어진 심리는 처녀성에
대한 그릇된 집착을 가져왔다. 원대 희곡의 걸작으로 ≪西廂記(서상
기)≫가 있다. 당대 元稹(원진)의 전기소설 ≪鶯鶯傳(앵앵전)≫에서는
張生(장생)과 崔鶯鶯(최앵앵)의 외도를 묘사했는데, 원대 王實甫(왕실
보)가 이 전기를 개작한 것이 ≪서상기≫다. 혹자는 주인공 장생이 바
로 작가 자신이나 다름없다고 고증하였다. 이 두 작품은 당시 사회상
을 일정 부분 반영하여 처녀성에 관한 당시의 풍속도를 잘 보여 주기
에 비교해 볼 만하다. 원작 ≪앵앵전≫에는 침실에서 장생과 앵앵, 두
남녀의 쾌락을 아름답고 섬세하게 그리고 있다. 그런데 당대의 작품
에는 앵앵이 처녀인지 여부는 관심을 갖고 언급하지 않았다. 반면 원
대 ≪서상기≫에는 남자의 처녀성에 대한 집착이 잘 드러난다. 왕실
보는 처음으로 앵앵과 성관계를 가진 장생이 붉은 피가 얼룩진 수건

을 보면서 노래하는 장면을 다음과 같이 묘사한다.

"봄 비단은 원래 하얗게 빛났으나, 일찍이 연붉은 향기 점점이 비추네."

또 앵앵은 수줍게 장생에게 말한다.

"소첩은 천금의 몸이었으나 하루아침에 몸을 버리고 이 한 몸 그대에게 기탁했사옵니다. 그대는 후에 소첩을 버려 흰머리 되는 그날까지 탄식하게 하지 마옵소서."

앵앵의 말에는 여성이 평생 한 남자에게 기탁하는 정조관념이 잘 드러난다. 또 원작 ≪앵앵전≫이 쓰인 당대와 달리 원대에는 여자의 정조를 한층 중시했고, 처녀성에 대한 집착이 더 강화되었음을 알 수가 있다. 이런 봉건예교의 억압에도 불구하고 자연스러운 인성에서 우러나는 남녀 간의 사랑은 막을 수 없었다. 문학작품에서 이런 경우가 잘 묘사되는데 원초 趙孟頫(조맹부)의 아내인 管道升(관도승)은 부부간의 사랑을 절실하게 묘사했다.

바보 같은 내 사람! 진흙을 빚어 우리 둘을 만들어 보세. 하나를 빚어 당신으로 하고, 또 하나를 빚어 나로 하세. 빚어 놓으니 마치 살아 있는 듯하니 빚은 것으로 함께 자게 하고 쉬게 하세. 흙 인형 부서지면 다시 물에 개어 만들면 되니 당신 것 또 하나 만들고 내 것 또 하나 만드세. 당신 몸이 내 몸에 있고, 내 몸 또한 당신 몸에 있네.

흥미로운 것은 구구절절 가슴 울리는 사부곡의 주인공 趙孟頫(조맹부)가 춘화를 그리는 화가로 유명했다는 사실이다. 원래 그는 인물

화가로서 송왕조의 종실이었으나 후에 원에 항복해 귀순했다. 그가 유명한 춘화화가라는 사실은 1624년 명대에 간행된 춘화책자인 ≪鴛鴦秘譜(원앙비보)≫의 서문에 조맹부가 춘화를 그렸다고 언급되어 있고, 명 말엽의 색정소설인 ≪肉蒲團(육포단)≫에서 아내 옥향이 성에 눈을 뜨지 못하고 흥미가 없자 미앙생이 조맹부가 그렸다는 춘화를 특별히 사서 옥향에게 보여 주고 색정을 자극한다는 대목에서도 잘 드러난다. 물론 소설 내용이기 때문에 허구적 설정이겠지만 당시 조맹부가 춘화화가인 사실이 널리 유포되었음을 분명히 알 수 있다.

한편 鄭雲娘(정운낭)의 ≪鞋兒曲(혜아곡)≫에는 소녀와 어느 남자와의 사랑이 절절하게 묘사되어 있다.

> 몽롱한 달빛, 어두운 꽃그늘, 홀로 서서 오랫동안 기다리네. 그 임이 약속을 어길까 두렵기만 하고 그의 주변사람 알까 두렵네. … 사뿐사뿐 발걸음 옮기려니 가만히 비단옷을 풀고 … 짧게 나눈 운우의 정, 몇 차례나 기쁨과 사랑이 있었던지? 여느 때처럼 두 사람 헤어지네. 정든 임 잠시 불러 세우니 내 신발 신는 것 좀 기다려 주소.

남녀의 성애를 주제로 한 이런 희곡이나 산곡은 원대와 명대 이래 매우 유행했다. 원대 關漢卿(관한경)의 산곡 ≪新水令(신수령)≫의 일부분을 살펴보자.

[豆葉黃(두엽황)]

> 검은 머리 올리고 가슴은 매끈하고 부드럽고 얼굴은 홍조를 띠었는데
> 허리와 팔다리는 날씬하고 아름다워 더욱 마음에 드네.
> 어찌 말로 비유할 수 있으랴만, 달 속의 항아보다 훨씬 요염하고 아름답네.

【七弟兄(칠제형)】

내가 그녀를 찾고 부르네.
아, 우리 아가씨 색욕의 강렬함은 하늘만큼이나 크다더니
품속에서 나를 껴안네.
향기 나는 뺨을 대고 나지막이 밀어를 속삭이네.

【梅畵酒(매화주)】

두 사람의 정은 깊어져 흥이 절정에 달하니 땅바닥을 침대로 삼고
달은 높이 떠 은촛대 사르는데 밤은 점점 깊어 인기척도 드물고
나지막이 꽃에게 물으니 바로 내 여자라네.

【收江南(수강남)】

바람 불어 모란꽃 꽃망울 터지자 붉은 치마 비비며
차디찬 혀끝으로 향긋한 차 보내니, 그 전율 금세 온몸에 퍼지네.

【尾(미)】

검은 머리 추스르고 전족신 신으려다 몸 돌려 다시 말하네.
그대 내일 밤에는 좀 일찍 나와요.
나는 사창 밖 파초잎 흔들리는 소리만 듣고 있을 테니.

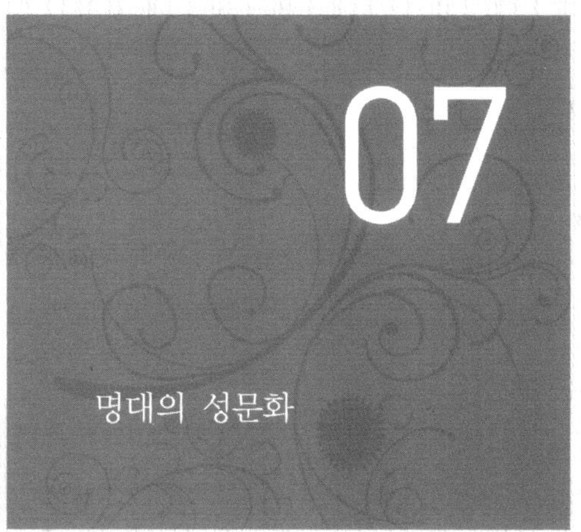

07

명대의 성문화

1. 원의 멸망과 명의 건국

2. 환관의 금기와 발호

3. 명대의 성과 사랑

4. 명대문학에 나타난 성과 사랑

07 | 명대의 성문화

1. 원의 멸망과 명의 건국

몽고족이 건국한 원나라 왕조는 14세기에 들어와 제위 상속을 둘러싸고 분쟁이 일어나 통치능력을 상실하였다. 거기에 천재지변과 전염병까지 지속적으로 일어나는 와중에 1351년에 白蓮敎徒(백련교도)들이 홍건적의 난을 일으켰다. 가난한 농부출신 朱元璋(주원장: 훗날 명태조)은 홍건군의 장수 중 한 명이었다. 주원장은 남경을 근거지로 하여 여러 군웅들을 차례로 제압하였다. 마침내 장강유역을 통일하는데 성공한 주원장은 1368년 명나라를 건국하였다. 주원장은 南京(남

경)을 수도로 하고 북벌을 개시했다. 원 順帝(순제: 토곤 티무르)는 大
都(대도: 북경)를 버리고 上都(상도)로 도망쳐 北元(북원)을 건국했다.
이에 따라 만리장성 이남의 중국은 명나라에 의해 통일되고 한족 왕
조가 복원되었다.

통일을 달성한 뒤 태조는 내정의 안정에 노력을 기울였다. 통치권
을 강화하기 위해 봉건전제를 강화하여 위협이 되는 세력은 가차 없
이 제거했다. 재상이 있던 중서령을 폐지하고 6부를 황제 직속으로
만들었다. 그러나 말년에는 초대 승상 이선장, 좌승상 胡惟庸(호유용)
과 凉國公(양국공) 藍玉(남옥) 등 다수의 건국 공신을 사형에 처했다.
황제의 권력 강화를 위해 한고조 유방을 능가할 정도로 건국 공신들
을 대거 숙청한 것이다. 또 그는 지식인들의 사상을 통제하기 위해
팔고문으로 관리를 선발하는 제도를 시행했다. 주자의 신유학이 가르
치는 예교를 만백성이 지키도록 강요했고 신유학을 비판하는 자는
반애국적인 행위로 매도해 처벌하도록 했다.

朱元璋(주원장)

주원장 정치의 특징 가운데 하나는 잔인한 형벌이다. 명대의 ≪大明律(대명률)≫에는 잔혹한 형벌이 기재되어 있는데 형량이나 형벌의 사용 모두 당대의 ≪唐律(당률)≫을 넘어섰다. 그러나 주원장은 이것도 부족하다고 여겼는지 친히 ≪大誥(대고)≫를 만들도록 했다. ≪대고≫는 명조의 법률로, 관원범죄를 엄벌하는 구체적인 예가 수록되어 있다. 예를 들면 ≪당률≫에는 墨(묵: 이마나 팔에 글자를 새기는 것), 劓(의: 코를 베는 것), 剕(비: 발꿈치를 자르는 것), 宮(궁: 거세형), 大辟(대벽: 참수형) 등 고대의 다섯 가지 육체형벌을 폐지하고 笞(태: 회초리형), 杖(장: 곤장형), 徒(도: 징역 및 노역형), 流(유: 귀양형), 死(사: 사형)로 대체하고 있다. 그러나 ≪대명률≫에는 大辟(대벽: 참수형), 凌遲(능지: 사지를 찢어 죽이는 것), 梟首(효수: 목을 잘라서 매다는 것), 刺字(차자: 이마에 홈을 내어 죄명을 찍어 넣는 것), 閹割(엄할: 남녀의 생식기를 자르거나 꿰매는 것), 枷号(가호: 형틀을 씌워 대중에게 공개하는 것) 등 혹형을 부활시켰고 사형의 범위를 대폭 늘였다. ≪대고≫ 4편은 ≪대명률≫을 기초로 했지만 혹형의 사용범위를 확대시켰다. 즉 ≪대명률≫에는 역모 등 대역죄인의 경우에 멸족(≪당률≫에는 조부와 부친, 16세 이상의 자손만 참하고 다른 가족은 죽이지 않았음)을 가했지만 ≪대고≫ 4편에는 일상적인 범죄행위에도 멸족지화를 적용시키고 있다.

≪대고≫ 4편에는 또 새로운 육체형벌을 개설했으니 손 자르기, 무릎연골 뽑아내기, 칼로 잘게 저며 죽이기 등이다. 또 법전에 실려 있지 않은 많은 혹형이 있어서 고문과정 중에 갖가지 방식으로 집행되었다. 사실 우리나라 역사에도 역모죄의 경우 능지처참했다는 기록이 있지만 이렇게 다양하고 끔찍한 형벌이 존재하지는 않았다.

주원장은 절대권력과 통치이데올로기로 유교윤리를 채택했고 이는 지배층의 전폭적인 지지를 받았다. 남녀 간의 예교도 백성의 일상생활에까지 강요되었다. 여성의 정절도 이전보다 더 강조되었고 특별한 경우가 아니면 외출을 할 수도 없었다. 이런 풍조가 우리나라에도 들어와 조선시대 여성들은 장옷을 덮어쓰고 눈만 내놓고 다니게 되었다.

그러나 자연스러운 성애에 대한 욕구는 억눌러져도 표출될 수밖에 없었다. 명대의 대표적인 성애소설, ≪금병매≫에는 당시 시민계급의 서민생활과 함께 노골적인 섹스묘사가 끊임없이 등장한다. 이 책은 음서라는 이유로 몇 번이나 관의 금지를 당했지만 문학적인 가치를 인정받는 것은 명대 가정 말엽부터 만력 중기까지 부패한 사회상과 밑바닥 서민생활을 있는 그대로 반영하기 때문이다. 그런데 중국문학사상 최고의 음서라 불리는 이 책에는 방중술과 관련해 '梵僧(범승)의 房術秘方(방술비방)'이라는 대목이 나올 뿐이다. 이 책에서 이것 외에 방중술에 관련된 내용을 찾기 힘든 것은 이전 시대와 다른 점이다. 성을 억압하는 폐쇄된 사회 분위기 속에서 명대에는 방중술에 관한 문헌은 유통이 힘들었다. 즉 명대에는 방중술이 전반적으로 쇠퇴했다는 사실을 짐작할 수가 있다.

2. 환관의 금기와 발호

중국 역사에서 환관의 역할이 두드러졌던 시기는 한, 당, 명대다. 그중에 명대의 환관은 중국 환관의 전형으로 인식되고 있다. 중국에서는 환관이 정치에 간여하면서 나라를 망치는 경우가 많았다. 당나라 玄宗(현종) 때 高力士(고력사) 같은 환관은 그 전형이다. 고력사는 황제의 오른팔이라고 할 정도로 절대적인 권력을 쥐고 있었다. 당시 모든 중요한 일은 먼저 고력사를 통해야 황제에게 전달될 정도였다. 고력사는 현종에게 양귀비를 소개했는데 양귀비에게 빠진 현종이 국사를 등한시해 나라가 기울기도 했지만 安祿山(안녹산)의 난이 일어났을 때에는 양귀비를 죽게 하라고 했다. 당나라 말기에 이르면 10명의 황제 가운데 9명이 환관에 의해 옹립되어 즉위하였다. 그러는 가운데 환관세력을 일소하자는 황제도 있었지만 거꾸로 환관에 의하여 황제가 권력을 잃고 폐위되는 경우도 있었다. 당나라 말기의 황제들은 매일 환관으로 인한 독살이나 책모에 겁을 먹고 죽음의 공포에 떨며 궁정생활을 하지 않으면 안 될 정도였다.

주원장은 이런 역대 왕조의 흥망사를 잘 알고 있기에 환관을 선발하고 통제하고 포상했으며 나이가 들면 은퇴시키고 죽으면 장례를 치르는 제도를 마련하였다. 환관이 되려는 자는 관청의 요구조건에 부합해야 했다. 그 조건이란 아들이 넷 이상 있는 집 출신이어야 하며 사사로이 거세를 한 자는 뽑지 않았다. 주원장은 이런 환관을 뽑되 절대로 정사에 관여할 수 없도록 규정했다. 만약 환관이 정사에 참견하면 사법기관에서 죄를 묻도록 했다. 죄질에 따라 刑部(형부), 都察院(도찰원), 錦衛衣(금위의) 등에 하옥하거나 처형하도록 했다. 또 다른 관리의 직함을 갖지 못하고 관복을 입지 못하게 하고 지위는 4품 이하로 정해 놓았다. 이 밖에 환관은 글자를 익힐 수 없으며 다른 관리와 연락도 할 수 없었다. 원래 환관들은 궁에 들어올 때 별다른 공부를 하지 못한 상태였기에 문맹으로 궁중생활을 마치는 경우도 많았다. 1384년 주원장은 황궁 안에 鐵牌(철패: 쇠를 녹여 만든 경고판)를 세우도록 했다. 이 철패에는 환관이 정사에 간여해서는 안 되며

어긴 자는 참수한다는 경고가 쓰여 있었다. 이렇게 明初(명초)의 환관은 궁에 들어온 뒤에도 정치무대에 설 수 없을 뿐 아니라 교육을 받아 권력을 쥔 자도 없었다. 명태조 주원장이 환관을 억압하는 정치로 환관들은 숨을 죽이고 죽은 듯 지냈다. 이런 상황은 주원장이 세상을 떠날 때까지 30년 정도 이어졌다. 그러나 명나라 역시 이전 왕조들처럼 훗날 환관들의 손에 의해 멸망의 길을 걷게 되는 것은 역사의 아이러니라 할 수 있다.

그러던 환관들이 다시 제 목소리를 내기 시작한 것이 제3대 永樂帝(영락제)로 불리는 成祖(성조) 때부터였다. 영락제는 주원장의 넷째 아들이었는데 조카 建文帝(건문제)로부터 왕위를 빼앗아 황제의 자리에 올랐다. 영락제는 환관들에게 사신의 지위, 징세의 권한, 군검열의 권한, 행정구역을 분할할 수 있게 하고 대민정보를 획득할 수 있게 하는 특권을 부여했다. 이에 따라 황제가 신임하는 환관은 군대의 감독을 맡아 순찰했다. 환관이 정사에 관여하지 못하게 한 주원장의 규정은 환관이 독단적인 결정권만 갖지 않으면 되는 것으로 바뀌었다. 이런 변화는 환관의 권력범위를 점차 확대시키게 된다. 그중 가장 유명한 사람은 바로 三宝太監 鄭和(삼보태감 정화)로 그는 황제의 명을 받아 수많은 선박을 이끌고 인도네시아, 아프리카까지 원정을 나갔다. 물론 정화 이전에도 태감 李興奉(이흥봉)이 황제의 명을 받고 국왕 위문차 태국을 방문한 적이 있었다. 이런 사례로 볼 때 이 시기에 환관이 외국에 사신으로 갈 수 있는 권력을 획득했음을 알 수 있다. 이후 명대에는 역사상 널리 알려진 특무기구가 만들어졌으니 바로 東廠(동창), 西廠(서창)이다. 영락 18년(1420)에 설치된 동창은 환관이 특무활동에 종사하며 직접 관리하여 모든 일을 황제에게 보고하게 했다. 成化(성화) 13년(1477)에는 동창 외에 따로 서창을 설치했는데 여기에도 환관이 제독을 맡게 하여 특무통치를 강화시켰으니 여기서 환관의 직권에 질적인 변화가 일어난 것을 볼 수 있다.

또한 宣宗(선종)인 宣德帝 朱瞻基(선덕제 주첨기)가 제위에 오른 뒤에는 증조부 주원장이 환관이 교육을 받지 못하게 했던 규정도 사문화되었다. 선덕제는 환관에 대해 매우 우호적인 태도를 보여 주었다. 선덕 원년(1426)부터 궁내에는 內書堂(내서당)을 설치하여 학관이 어린 환관에게 글을 가르치도록 했다. 주첨기가 이렇게 한 목적은 환관으로 하여금 글을 익힌 뒤 대필자를 뽑아서 공문을 쓰게 하고 황제의 정무를 편하게 하기 위함이었다. 이로써 환관의 교육은 제도화되었고 이 조치는 명 중엽 이후 환관이 정치무대에 올라 국사를 농단하는 계기가 되었다.

내정과 환관에 관한 사무를 총괄해 관리하던 직책을 司禮監(사례감)이라고 했는데 환관을 선발하는 업무는 예부에서 맡았다. 그런데 사례감의 권한이 커지면서 환관 선발에 개입하는 일이 벌어지기도 했다. 그러자 스스로 성기를 절단하고 관으로 찾아오는 사람이 생겨났다. 이런 자를 自宮者(자궁자)라고 불렀는데, 이들도 큰 결격사유가 없으면 환관으로 받아 주었기 때문이다. 명대에는 그런 풍조가 점점 심해져서 원래 자궁자가 100명이 되지 않던 것이 명대 말엽에는 10만 명에 달할 정도였다. 이렇게 되자 환관에게 지급할 식량이 모자라서 날마다 굶어 죽는 자가 생겨날 정도였다. 명대의 황제는 몇 번이나 자궁 금지령을 내렸으나 그 수는 줄지 않았다. 그 이유 중 하나는 당시 부역이 백성들이 감당할 수 없을 만큼 가중해서였다. 환관이 되면 노역을 하지 않아도 되고 혹시 성공하여 권력을 가지게 되면 자신뿐만 아니라 친족도 위세를 가지기 때문이다. 따라서 농민들은 몰래 자기 아이를 거세해서라도 환관으로 만들고 싶어 했다. 빈곤으로 허덕이는 농민이 환관이 되는 것은 가난에서 탈출하여 입신출세하는 지름길이고 탐관오리로부터 수탈을 모면하는 유일한 수단이었기 때문이다.

명대에 와서 궁중 안에 궁녀 등 여성이 많아지자 환관과 궁녀가 부부처럼 지내는 일이 보편화되었다. 이런 경우를 對食(대식) 또는 菜戶(채호)라고 표현했다. 그래서 채호는 환관의 여자를 가리키는 말로 쓰이기도 했다. 이런 일이 가능했던 것은 환관이 비록 성기는 없었지만 성욕은 정신적인 측면이기 때문에 느낄 수 있고 이를 발산하고자 했기 때문이다. 물론 이때는 舌耕(설경), 즉 오럴 섹스를 하거나 狎具(압구)라는 기구를 이용해 성생활을 했다.

명 태조 때는 아내를 맞이한 환관의 가죽을 벗겨 죽이는 가혹한 형벌을 내렸지만 명 중엽 이후에는 채호가 셀 수 없이 늘어났다. 궁중에서 환관과 궁녀 사이의 대식이 어느 정도 성행했는지에 대해서는 다음과 같은 이야기가 전한다. 査愼行(사신행)의 ≪人海記(인해기)≫, <周後·田妃(주후·전비)>에 의하면 숭정제에게는 황후인 주 황후가 있었지만 田貴妃(전 귀비)를 더 총애했다. 황제의 총애를 받은 전 귀비는 주 황후를 모함하기 위해 주 황후가 거처하는 坤寧宮(곤령궁)의 환관들이 시비와 놀아난다고 고자질했다. 의심 많은 숭정제가 곤령궁을 조사하게 하니 환관들이 성생활에 사용하는 압구 여러 종류가 나왔다. 의도적인 모략이라고 생각한 주 황후가 불같이 화를 내며 전 귀비의 궁 안도 조사해 보라고 했다. 역시 조사를 해 보니 한 무더기의 압구가 나오는 웃지 못 할 상황이 벌어졌다. 이런 풍조는 역사서에서도 확인이 된다. ≪明史(명사)≫ 권114, <懿安后傳(의안후전)>

에 의하면 환관이 궁녀와 부부처럼 지내는 것을 황제 또한 금하지 않을 만큼 유행이 되었다고 한다.

남성으로서 기능을 잃은 환관들은 평생 콤플렉스에 눌려 살 수밖에 없었다. ≪野獲編(야획편)≫, <對食(대식)>과 <食人(식인)> 조목에 따르면 만력연간 高策(고책)이라는 환관은 성 능력을 회복할 수 있다는 그릇된 미신을 믿고 남자아이들을 무수히 죽였다. 남아의 뇌 1,000개를 먹으면 성기가 예전처럼 돌아온다는 무당의 말에 혹해서 도처에서 어린아이를 사 오거나 납치해 죽이고 뇌를 먹은 엽기적인 사건을 저지른 것이다. 명 熹宗(희종) 때의 환관 魏忠賢(위충현) 역시 7명의 죄수를 죽여 그 골수를 먹었다고 전한다.

명 중엽 이후부터 숭정시기 명이 멸망에 이르기까지 환관의 정치 참여는 갈수록 심화되었다. 무종 때 환관인 劉瑾(유근)은 황제에게 여자와 사냥을 자꾸 권장하여 황제가 조정 일에서 멀어지도록 유도했다. 대신 자기 무리들과 함께 상의해 직접 결재서류를 처리했다. 지방 관료들이 황제를 배알하려고 입궁할 때는 그에게 수천 금의 뇌물을 내야 했다. 후에 권력을 잃고 난 뒤 유근의 재산을 몰수하니 황금이 1억 2천만 냥이요, 그 밖의 진귀한 보물은 셀 수 없을 정도였다고 한다. 영종 때 환관인 王振(왕진)도 마찬가지였다. 그가 죽고 나서 재산을 몰수하니 금과 은이 60여 창고나 되고 6, 7척 되는 산호가 20여 개나 있었다. 이 모두가 백성들의 토지를 강탈하고 재물을 약탈한 결과임은 두말할 나위가 없다.

16대 황제인 天啓帝(천계제) 희종 때 신임을 얻은 환관 위충현(1568~1627)은 공포정치로 악명이 높다. 위충현이 환관이 된 데에는 흥미로운 이야기가 전한다. 위충현의 본이름은 李進忠(이진충)이었다.

젊었을 때 방탕 무례한 깡패였던 그는 도박을 좋아했는데 친구들과 도박을 하다가 판돈을 다 날리게 되었다. 그러자 그는 자신의 남근을 걸고 도박을 했다. 그런데 또 지자 그는 정말로 자기 남근을 잘라 버렸다. 앞에서 설명한 바와 같이 그는 스스로 자원해서 환관이 된 自宮宦官(자궁환관)인 셈이다. 이렇게 만력연간 궁에 들어가서 환관이 된 그는 이진충에서 위충현으로 이름을 바꾸었다. 궁에서는 太子宮(태자궁)의 太監(태감)인 王安(왕안)의 측근으로 활동하였다. 또 神宗(신종: 1572~1620)의 長孫(장손)인 朱由校(주유교)의 유모였던 客氏(객씨)와 매우 가깝게 지내다가 주유교에게 접근하여 환심을 샀다. 그래서 그는 주유교의 생모인 왕 부인의 典膳(전선: 식사를 주관하는 직책)이 되었다. 주유교는 훗날 황제가 되었으니 그가 상관인 환관 위조를 통해 환관내각의 일원인 왕안에게 아첨하는 등 출세를 위해 기울였던 노력이 효과를 본 셈이다.

魏忠賢(위충현)

1620년 神宗(신종)이 죽고 光宗(광종)이 즉위하였으나 한 달 만에 죽고, 주유교가 천계제로 불리는 熹宗(희종: 1620~1627)이 되었다. 희종이 즉위한 뒤 위충현은 환관의 수장인 사례감의 秉筆太監(병필태감)이 되었으며, 1623년부터는 황제 직속의 비밀경찰인 동창의 책임자도 겸했다. 위충현이 세력을 확대하는 데 동반자가 된 사람은 희종의 유모인 객씨였다. 객씨는 위충현의 상관이었던 환관 魏朝(위조)와 부부나 다름없는 관계로 지내던 사이였다. 그러다가 위충현에게 빠져들어 위조를 멀리하자 객씨를 둘러싸고 위충현과 위조는 삼각관계가 되었다. 이때 환관내각의 수장인 王安(왕안)이 중재에 나서 위조를 달래고 소동을 가라앉혔다. 위충현과 객씨는 이렇게 정식으로 대식(환관과 궁녀 부부)이 되었다. 나이 어린 천계제는 즉위하자 객씨에게 奉聖夫人(봉성부인)이라는 칭호를 수여하기도 했다. 그러나 희종은 목공예에 심취하여 정사를 돌보지 않았고, 위충현과 유모 객씨가 황제의 총애를 믿고 정치를 농단했다.

환관내각의 수장인 왕안은 강직하고 교양수준이 높은 환관이었다. 위충현과 객씨를 부부로 만들어 준 왕안은 은인이었지만 객씨는 왕안을 제거하려고 했다. 그녀의 강권 끝에 결국 왕안은 잡혀 와 살해당하게 된다. 이렇게 위충현은 환관내각을 장악하고 정보기관 동창을 자기 수하에 두어 전대미문의 공포정치를 실시하였다. 이 공포정치의 과정을 자세히 살펴보기로 하자.

희종 때에는 東林黨(동림당)과 閹黨(엄당)의 당쟁이 치열하게 전개되었다. 동림당은 江南(강남)지방의 사대부를 중심으로 한 당파로 淸議派(청의파)라고도 불렸다. 엄당은 바로 환관들 무리를 가리킨다. 동림당은 江蘇省(강소성) 無錫(무석)의 東林書院(동림서원)을 거점으로 정치에 커다란 영향력을 행사했다. 위충현은 동림당과 비동림파의 당쟁을 이용하여 동창을 장악하고 권세를 휘둘렀다. 위충현은 문맹이었지만 대단한 기억력의 소유자였다. 자신의 비상한 기억력을 동원하여 위충현은 동림당을 일소하고 중앙에서 지방에 이르기까지 비중 있는 관직을 모두 자신의 입김이 작용하는 관리들로 채웠다.

1625년 天啓(천계) 5년, 위충현은 遼東經略(요동경략)이던 熊廷弼(웅정필: 1569~1625)이 비리를 저질렀다는 사건을 조작하여 동림당의 핵심인물인 楊漣(양련), 左光斗(좌광두), 周起元(주기원) 등을 숙청해 죽였다. 그는 희종으로부터 顧命元臣(고명원신)의 印(인)을 받았으며, 대신들은 그의 눈치를 보기에 급급해서 '魏家(위가)의 閣老(각로)'라 불릴 정도였다. 이듬해에는 高攀龍(고반룡), 周宗建(주종건), 黃尊素(황존소) 등을 죽이고, 동림서원을 폐쇄한 뒤 강학을 금지시켰다. 이렇게 동림당을 매장시킨 위충현은 자신에 대한 비판을 막기 위해 전국적으로 펼쳐져 있던 동창의 정보망을 활용하여 정권을 완전히 장악하고 전횡을 일삼았다.

이후 관료는 물론 서민들도 위충현을 비판하다가 몸의 가죽이 벗겨지거나 혀를 뽑히는 가혹한 형벌을 당해 죽게 되었다. 정치기관은 위충현의 뜻대로 분열되어 대혼란 상황에 빠졌지만 천계제는 관여하지 못했다. 유모이자 위충현의 아내였던 객씨의 영향력에서 벗어나지 못했던 황제는 어린아이나 다름없었다. 여전히 목공에 심취해 있던 그는 정사에는 아예 무관심했다. 이처럼 황제가 정치에는 무관심하고 목공에만 빠져 있을 때 위충현은 대권을 완전히 장악했다.

위충현과 객씨는 황제를 능가하는 호사스러운 생활을 했다. 이들에게 황궁은 자신들의 마당이나 다름없었다. 위충현과 객씨가 호사스럽고 큰 배에 많은 환관을 대동하여 뱃놀이를 하는데 황제는 작은 배에 환관 두 명을 대동해 타고 있을 뿐이었다. 이때 갑자기 바람이 불고 파도가 쳐서 황제가 탄 배가 뒤집혔다. 두 명의 환관이 죽고 황제는 겨우 목숨을 건졌지만 큰 배를 탄 위충현 부부는 무사했다고 한다. 또 위충현은 자신을 호위하기 위해 3000명의 환관군단을 조직하여 궁중에서 군사훈련을 실시했다. 자신도 말을 타고 완전무장을 했는데 황제의 앞에 설지라도 말에서 내리지 않았다고 한다. 그는 堯(요)나 舜(순)에 버금가는 성인군자임을 자처하여 '堯天舜德至聖至神(요천순덕지성지신: 요순임금의 하늘의 덕이 이른 성인이자 신)'라는 칭호를 사용했으니 그 자신이 황제의 지위를 넘어 성인이자 신이 된 셈이다. 1626년에는 西湖(서호)에 자신의 生祠堂(생사당)을 세워 스스로를 우상화했다. 각지의 관리들은 위충현에게 아부하기 위해 그의 像(상)과 생사당을 곳곳에 세우고 그에게 참배했다. 그를 만날 때에는 '皇帝萬歲(황제만세)'라는 구호를 본떠서 세 번 머리를 조아리며 '九千歲(구천세)'라고 외쳤다. 만세는 황제에게 하는 환호이니 자신은 천세를 줄여 구천세라 한 것이다. 어떤 이는 구천구백구십구 세로 그를 부르기도 했다.

이런 위충현의 전횡에는 부인 객씨도 큰 역할을 하였다. 그녀는 혹시 천계제의 총애를 받을까 하여 황후나 후궁이 회임을 하면 연금시키거나 죽여 버렸다. 그래서 천계제에게는 후손이 없었다. 그러나 환관은 황제를 위해 만들어진 존재로 환관일 뿐이었다. 1627년 천계제가 죽고 그의 아우인 崇禎帝(숭정제: 1628~1644)가 즉위하자 성인이자 신의 지위로 자신을 올렸던 위충현은 몰락했다. 숭정제는 엄당의 역모사건을 조사하도록 명했고 위충현은 탄핵을 당해 鳳陽(봉양)으로 유배되었다. 위충현은 봉양으로 가는 도중에 도주하려 했지만 여의치 않자 자살했고, 그의 시신은 수없이 베어져 여러 동강이 난 참혹한 모습이 되었다. 또 그의 아내 객씨는 몽둥이에 맞아 죽는 봉살형에 처해졌다. 이렇게 위충현이 권력을 장악한 것은 겨우 7년 남짓이었다. 그러나 이 시기 명의 국력은 쇠퇴했으니 숭정제 또한 기우는 국운을 되돌릴 수가 없었다.

명나라 멸망 직전에 환관의 수가 10만 명에 달했다는 설이 있다. 홍무제였던 주원장 당시 수백이었던 데 비교하자면 수백 배가 더 늘어난 셈이다. 환관인 위충현이 절대권력을 휘두르면서 환관의 수도 비약적으로 늘어난 것이다. 당시 위충현을 위시한 환관들의 횡포를 풍자한 우언이 明代 陸灼(명대 육작)이 지은 ≪艾子後語(애자후어)≫에 실려 있다.

> 애자가 양 두 마리를 길렀다. 숫양은 싸움을 좋아하여 매번 낯선 사람을 보기만 하면 달려가 뿔로 마구 들이받았다. 제자들은 늘 오기만 하면 이 양을 보고 모두 두려워했다. 그리하여 그들은 애자에게 청해 말했다.
> "선생님의 저 숫양은 너무 사납습니다. 거세를 해서 그 성질을 누그러뜨리는 것이 나을 듯합니다. 그러면 좀 순하게 될 것입니다."
> 애자는 웃으며 대답했다.
> "설마 지금 세상에 거세한 놈이 더 사납다는 것을 모르지 않을 텐데."

이 우언에서 "설마 지금 세상에 거세한 놈이 더 사납다는 것을 모르지 않을 텐데"라는 말은 바로 환관의 발호를 풍자한 대목이다. 이처럼 환관이 득세하여 나라의 멸망에도 큰 영향을 끼친 것은 명대에도 마찬가지였다. 하지만 중국 역사에서 환관이 쥐게 된 권력의 규모는 항상 황제의 그것을 넘어서지 않는 선에서 줄타기를 했다. 황제가 바뀌면 그들은 여지없이 몰락했고 그들의 뒤를 이어 새로운 환관이 세력을 얻었다. 명의 마지막 황제 숭정제의 곁을 끝까지 지킨 것도 호위무사나 황족이 아니라 일개 환관이었다.

그렇다면 환관은 어떻게 황제를 제치고 권력을 좌지우지할 수 있었을까? 그것은 황제가 어려서부터 환관과 함께 생활했기 때문이다. 황제는 예의, 언행 등을 모두 태감에게서 배우면서 정이 쌓이고 환관은 황제의 모든 심리와 기호를 잘 알기 때문에 비위를 맞출 수 있었다. 또한 항상 후비와 함께 했기 때문에 후비에게도 상당한 영향력을 행사할 수 있었고 때로는 특정 여인을 황제의 잠자리에 추천하기도 했다. 이렇게 그들은 특정 후비와 손을 잡고 권력싸움에 관여하거나 황제를 지나친 향락으로 끌어들여 정무를 소홀히 하게 해서 자신들이 권력을 쥘 수 있었던 것이다.

3. 명대의 성과 사랑

주원장의 황후는 馬秀英(마수영)이다. 그녀는 홍건적 대장 郭子興(곽자흥)의 양녀인데 곽자흥이 주원장을 거두어 주는 인연으로 만나 평생을 동고동락했다. 마 황후는 어려운 집안형편 덕분에 어려서 전족을 하지 않아 '馬大脚(마대각)'이라고 불렸다. '왕발 마씨'라는 뜻이다. 그러나 그녀는 발이 큰 것을 부끄럽게 여기지 않고 오히려 떳떳하게 처신했다. 후덕하고 검소했던 그녀는 남편 주원장이 만사에 심사숙고하고 백성의 안위를 염려하며 상벌을 공정히 하라고 조언했다. 그리고 아랫사람의 경우를 항상 배려했다. 자신이 숨을 거두기 전 의

馬秀英(마수영)

원이 책임을 지고 처벌될까 봐 약을 먹지도 않았다고 한다. 이때 주원장은 직접 마 황후를 간병했다. 마 황후가 끝내 생을 마감하자 주원장은 목 놓아 통곡했으며 이후 황후의 자리를 비워 놓은 데서 부인에 대한 그의 사랑을 짐작할 수 있다.

앞서 언급한 바와 같이 주원장은 환관이 일체 정치에 관여하지 못하게 했는데 황후나 후궁도 마찬가지였다. 궁중에서 여인들끼리 황제의 총애와 권력을 다투고 정무에 영향을 미치는 일이 흔했기 때문이다. 일례로 명 憲宗(헌종)의 비 萬貴妃(만 귀비)는 자기가 낳은 아들이 있었다. 그런데 1년도 안 되어 아들이 죽고 그 뒤 아이를 갖지 못했다. 이후 다른 후비들이 임신했다는 소식을 들으면 그녀는 낙태약을 보내거나 낙태를 강요했고, 만약 따르지 않으면 계략을 써서라도 살해하는 끔찍한 일을 저질렀다. 이런 일이 벌어진 것은 황제의 수많은 여성들은 황제의 눈에 들어서 자식을 낳아야 출세의 길이 열렸기 때문이다.

또한 황후 이하 모든 궁녀들을 통제하기 위해 명대에는 이전 왕조의 '女官(여관)' 제도를 강화한 '敬事房太監(경사방태감)'이라는 제도가 고안되었다. '경사방'이란, 황제의 여자들을 감독 관리하는 직책을 맡은 관청인데 황제와 잠자리에서의 대화내용을 모두 기록하고 새벽 늦은 시간까지 황제와 잠자리를 가질 경우 여자를 강제로 끌어내게 되어 있었다. 이 관청은 여자를 관리하는 기관이기 때문에 경사방태감이라는 우두머리는 물론 관련 인사들은 모두 환관이었다. 이 제도는 황제가 한 여자에게 빠져서 건강을 해치지 못하도록 하기 위한 것이다. 대화내용을 기록하는 것은 간악한 후궁들의 고자질, 청탁이나 이간질, 베갯머리송사를 막기 위한 것이었다. 궁중에서 일어날 수 있는 음모의 소지를 근본적으로 차단하기 위해서 만들어 낸 제도로서 다소 엽기적인 면이 있다. 이에 관해서는 제4장 당대의 성과 사랑에서 상술한 바 있다. 이런 후궁의 강제 연행제도가 중국에서 언제부터 시행되었는지는 확실치 않다. 그런데 후대에까지 이어져 淸代 世宗(청대 세종)은 이런 제도가 황제 자녀의 혈통을 분별하는 장점이 있다고 여겼다. 또 황제 건강 유지에도 아주 좋은 제도라 해서 康熙帝(강희제)도 이 제도를 채택했다고 한다.

황제와의 모든 대화내용이 다 기록되고 지나치게 오랜 시간을 함께 보내면 강제 연행되는 제도. 우리는 황제라면 무소불위의 권력을 가지고 자유로운 성생활을 했으리라 생각하지만 실상은 그러지 못했다는 것을 알 수 있다. 아무리 그 당시 성에 대한 관념이 지금과 달랐다고 하지만 당사자로서는 얼마나 김빠지는 일이었을까?

이렇게 황제가 여인들과 합방하는 데는 규칙이 정해져 있었지만 이를 지키지 않고 황음무도한 생활을 하는 황제도 있었다. 명대의 武

宗, 즉 正德帝(정덕제)는 라마교에 푹 빠져 승려들과 궁 안에서 음란한 행각을 벌였다. 그는 여인들과 음행을 하는 豹房(표방)이라는 건물을 만들어 백성들의 원성을 샀다. 밤마다 행차를 나가 민가의 여인을 찾았다. 고래등 같은 민가에 도착하면 집 안으로 쳐들어가 술을 달라거나 그 집 여인들을 데려오라고 했다. 심지어 수레 몇십 대를 여인들로 가득 채워 데려왔고 날마다 죽는 자가 생겨나기도 했다. 이렇게 백성들에게 민폐를 끼치니 도망가는 자들도 많았다. 그가 揚州(양주)에 가기 전에 태감 吳經(오경)이 먼저 도착해 마구잡이로 처녀와 과부를 찾아냈다. 놀란 백성들은 급히 딸을 시집보내느라 혼자 사는 남자가 있으면 아무나 데려와 짝을 맺어 주었다. 그가 관병을 이끌고 와서 아녀자들을 데리러 오면 집집마다 곡하는 소리가 울려 퍼졌다. 만일 도망치거나 숨어서 안 나오는 경우가 있으면 찾을 때까지 집을 부수었다. 또한 고을의 관원이 여인들 숨기는 데 관여한 경우에는 관원을 중벌로 다스렸다. 오경이 약탈해 온 여인들은 사찰 안에 가두었는데 저항하다 죽은 여인의 시체가 사찰에 가득 쌓일 정도였다.

이렇게 데려온 여인들은 궁 안에서 궁녀가 되었지만 황제에게는 노리개일 뿐이었다. 명 嘉靖帝(가정제)는 궁녀들에게 매우 가혹해서 궁녀가 약간의 실수라도 하면 태형을 가했다. 이렇게 맞아 죽은 궁녀가 200여 명에 달했다. 가정 21년(1542), 10여 명의 궁녀들이 황제를 목 졸라 죽이려 시도하는 사건이 일어났다. 이 시도는 미수에 그치고 궁녀들은 모두 능지처참되었다. 연약한 궁녀들이 황제를 목 졸라 죽이려 한 시도는 전무후무한 사건이었다. 그녀들이 뒷감당도 못 할 이런 일을 저지르게 된 데는 언제고 황제에게 죽음을 당할지 모른다는 벼랑 끝에 선 심정 때문이었을 것이다.

한편 송대 이후 유교가 통치이념이 되면서 남녀 사이에 금욕적인 예교가 강조되자 점차 남색(동성애)이 유행하게 되었다. 지금 우리의 사고와 달리 당시 동성애는 예교에 어긋나지 않아서 터부시되지 않았다. 남녀 간의 교류가 제한되자 엉뚱하게 동성 간의 교제로 인성의 욕구가 표출된 것이다. 명 武宗(무종) 때는 황실뿐만 아니라 서생들, 일반 서민에까지 동성애 풍조가 확대되었다. 王書奴(왕서노)의 ≪中國娼妓史(중국창기사)≫에는 명대 서민층의 동성애 기풍을 다음과 같이 개괄하고 있다.

> 첫째, 남색은 福建(복건) 중부의 계부, 계형제가 가장 심하다.
> 둘째, 범죄자나 병사들 중에도 꽤 유행했다.
> 셋째, 남색의 기풍은 강남에서 유행했다가 나중에 점차 중원지역으로 퍼져 나갔다.
> 넷째, 명대 남창은 남색으로 손님들에게 서비스를 했다.
> 다섯째, 남창에는 남북의 차이가 있었다.
> 여섯째, 동남 지역의 남창은 빼어나게 아름답고, 서북 지역의 남창은 다소 촌스럽다.

4. 명대문학에 나타난 성과 사랑

남녀의 정을 주제로 한 작품은 명대에도 적지 않았다. 沈任(심임)의 산곡 ≪鎖南枝(쇄남지)≫에는 다음과 같은 내용이 있는데 자유분방한 민간의 성문화를 잘 보여 주는 것 같다.

> 부모님 주무시니 잠시, 나와 그 사람 오래 기다리지 않아도 되네.
> 그이를 보니 얼굴에 기쁨 가득한데, 춘심을 어찌 참으리오? 몸은 놀라서 떨리고 손은 정신없이 헤집어 급히 치마끈 푸네.

명대에 속곡과 민가는 점차 하나로 통합되어 민간문학의 주요 장르를 이룬다. 명 중엽에 馮夢龍(풍몽룡)이 편집한 소주민요 ≪山歌(산가)≫는 대부분 미혼 남녀의 성애를 노래하고 있다. 권1의 <等(등: 기다림)>의 내용을 살펴보자.

> 여섯 개의 치자꽃잎 벌어질 때, 정든 임과 황혼녘을 기약했네. 해는 꾸물꾸물 저물지 않아 견디기 어려워라. 두 손으로 창문 열고서 해만 쳐다보네.

한편 弘治(홍치), 正德(정덕)연간에 창작되어 가정연간에 유행한 ≪如意君傳(여의군전)≫은 측천무후와 薛敖曺(설오조)의 성생활을 묘사한 소설이다. 궁중생활을 소재로 삼았지만 노골적이고 막힘없는 성 묘사는 한대의 ≪비연외전≫을 넘어선다. 그 뒤 명대에 와서는 ≪三言二拍(삼언이박)≫과 ≪金瓶梅(금병매)≫ 등의 소설에서 보통 사람들의 현실생활을 소재로 노골적으로 성을 묘사했다. 이런 색정소설은 명 중엽에서 청 중엽까지 200~300년간 대량으로 창작되었다. 대부분의 색정소설은 수준이 낮고 격조가 떨어지는 것이 단점이다. 그러나 명 제14대 신종의 치세연호인 萬曆年間(만력연간)에 등장한 ≪金瓶梅(금병매)≫, ≪肉捕團(육포단)≫ 같은 소설은 비교적 예술적 수준이 높다고 평가된다. 그래서 명 만력연간은 인간본능을 긍정한 시기로 불린다.

우선 ≪金瓶梅詞話(금병매사화)≫로도 불리는 ≪금병매≫에 관해서 살펴보자. 이 명대의 장편소설은 笑笑生(소소생)의 작품으로 전 100회에 걸쳐 인간의 색욕을 대담하게 묘사하고 있다. 책명은 주요 인물인 세 여인의 이름에서 유래된 것이다. '금병매'에서 '금'은 潘金蓮(반금련)의 금이고 '병'은 西門慶(서문경)의 첩, 李瓶兒(이병아)를 가리킨다.

‘매’는 반금련의 시녀 중, ‘春梅(춘매)’라는 이름에서 따온 것이다.

내용은 ≪水滸傳(수호전)≫에 나오는 서문경, 반금련의 애정행각에 이야기를 보태서 당시의 상인, 관료, 무뢰한을 등장시키고 이들의 어둡고 추악한 작태를 폭로하고 있다. ≪수호전≫과 함께 북송 말년의 작품이라고 하는데 작품세계는 오히려 현대 도시생활과 깊은 관련이 있다. 또 작자의 본명이나 내력이 미상이기는 하지만 한 사람의 창작이라는 것은 의심할 여지가 없다는 점에서 중국소설사상 독보적인 지위를 차지한다.

줄거리를 살펴보면 다음과 같다. 淸河縣(청하현) 현청의 문 앞에서 약방을 경영하는 서문경은 부랑아 출신으로 어릴 때부터 무술을 잘하고 도박과 잡기에 능했으며 모르는 것이 없었다. 그는 온갖 악질적인 방법을 동원해서 재산을 모았는데 관리들과도 결탁해서 실력자로 올라서게 된다. 그에게는 많은 첩이 있었는데 못생긴 만두장수 武大(무대)의 처 반금련과 간통을 했다. 그는 반금련으로 하여금 남편 무대에게 독주를 먹여 살해하게 한 뒤 자신의 첩이 되게 했다. 한편 무대의 아우 武松(무송)은 형의 원수를 갚으려 하다가 실수로 다른 사람을 살해해서 유죄판결을 받는다. 서문경은 반금련뿐만 아니라 친구 花子虛(화자허)의 부인 이병아도 첩으로 만들고 하녀 춘매와도 간통한다. 친구 화자허의 재산까지 빼앗았는데 얼마 뒤 이병아는 서문경의 아들을 낳았다. 그러나 이 아들은 반금련의 계책 때문에 놀라서 실성해 죽고 이병아도 오래지 않아 죽게 된다. 서문경은 반금련이 준 미약을 복용하고 섹스에 탐닉하며 황음무도한 생활을 거듭한다. 그러다가 그는 서른세 살의 젊은 나이로 요절하게 된다. 서문경이 죽은 뒤 서문경의 첩 吳月娘(오월낭)은 아들을 낳는데 그가 孝哥(효가)다. 반금련은 서문경이 죽고 나서 사위와 간통하다가 오월랑에게 쫓겨난다. 그러자 반금련은 왕 노파 집에 기거하다가 본남편인 무대의 동생, 무송에게 처참하게 살해된다. 이후 춘매는 周守備(주수비)의 첩으로 팔려 간다. 뒤에 金(금)나라 군대가 침입해 오자 오월낭은 유복자 효가를 데리고 난을 피해 濟南(제남)의 절에 들어간다. 오월낭은 꿈에 서문경 일생의 인과를 보고 효가가 서문경의 환생임을 알게 된다. 그래서 아들 효가를 출가시켜 전생의 죄과를 속죄하고 후세의 인연을 닦게 한다.

이 소설은 작품 전체에 걸쳐서 가정 말엽부터 만력 중기까지 부패한 사회상과 어린 여아까지 매매하는 밑바닥 서민생활이 폭로되고 있다. 또 당시의 상업주의적 세태와 시민계급의 의식형태도 잘 반영되어 있다. 세밀한 묘사와 감칠맛 나는 문장 그리고 수많은 인물들의 성격이 명확하게 묘사된 점은 후대에 나온 장편소설에도 많은 영향을 주었다. 이 소설에서 가장 충격적인 것은 끊임없이 등장하는 성애 장면이다. 비록 결말에서 끝없는 탐욕이 부른 업보를 깨닫고 효가를 출가시키기는 하나 사회 비판정신보다는 노골적인 성애의 묘사가 두드러진다. 이 책이 淫書(음서)라는 이유로 몇 번이나 금서로 지정되었던 이유도 여기에 있다. 그러나 이 소설에서 서문경의 성적인 방종을 묘사한 부분은 채 2만 자를 넘지 않는다. 대신 당시 사회상을 워낙 잘 반영하기 때문에 문학적인 가치를 높이 인정받았던 것이다.

한편 ≪육포단≫이라는 책은 ≪覺後禪(각후선)≫, ≪耶蒲緣(야포연)≫ 등으로도 불리는 성애소설인데, 작자는 분명치 않으나 情痴反正道人(정치반정도인)이 지었다고 한다. 이 소설에서 주인공은 未央生(미앙생)이다. 미앙생은 자신의 용모와 재주를 믿고 천하제일의 미녀를 찾으러 집을 나선다. 이 과정에서 많은 여자들과 엽색행각을 벌이는데 그중 艶芳(염방)이라는 여자가 있었다. 미앙생이 염방과 관계를 갖자 염방의 남편 權老實(권노실)은 앙심을 품고 복수를 결심한다. 권노실은 미앙생의 아내 玉香(옥향)을 유혹한 뒤 기생집에 팔아넘긴다. 옥향은 명기생이 되었고 방중술이 뛰어나다고 소문이 나 찾는 손님이 문전성시를 이루었다. 미앙생에게 아내를 뺏긴 남편들도 모두 와서 옥향의 손님이 될 정도였다. 명기가 있다는 소문에 미앙생도 그녀를 찾아오는데 기생이 바로 자신의 아내임을 알게 된다. 남편을 만난 옥향은 수치심에 목매 자살하고 미앙생은 사람들에게 흠씬 두들겨 맞는다. 미앙생은 결국 잘못을 깨닫고 布袋和尚(포대화상)을 찾아 스승으로 모시고 불가에 귀의한다.

≪육포단≫과 다른 색정소설을 비교하자면 내용상으로 큰 차이는 없지만 플롯의 배치가 번잡하지 않으면서 구조적으로 더 세밀하고 서사가 명쾌하게 진행된다고 할 수 있다. 이 때문에 ≪육포단≫은 고대 색정소설 가운데 널리 알려졌고 광범위하게 유통될 수 있었다. ≪육포단≫은 여러 측면에서 李漁(이어)의 작품, 특히 소설의 풍격에 부합된다. 이어의 인생역정, 생활태도와 문학예술관도 그가 이런 작품을 쓸 수 있다는 것을 증명해 준다.

≪육포단≫의 제1회에는 인물이나 플롯이 아예 없기 때문에 그것을 소설에서 도입부(楔子: 설자)라고 하는 사람도 있다. 潘光旦(반광단)이라는 사람은 영국 앨리스의 ≪성심리학≫을 번역하면서 주석에서 ≪육포단≫의 제1회를 언급하고 있다.

"성교가 건강에 미치는 긍정적 관계에 관하여 중국인들은 대체로 인식해 왔고 역사적으로 이 점에 있어서 가장 상세하고도 가장 인정에

맞추어 논의해 왔다. 기억이 미치는 바에 따라 성애소설 ≪육포단≫
의 '도입부' 한 편을 추천해 볼까 한다. 이 책의 문장은 지나친 묘사
로 터무니없는 길로 빠지는 우를 범하기도 한다. ≪육포단≫에 내포
된 결론은 상투적인 결함을 가지고 있어 도입부에서 보인 견해와 상
충되기도 한다. 그러나 도입부의 한 부분만 놓고 말하자면 그 가운
데 의론의 대부분은 당대 성위생학자들이 긍정할 수 있는 것이다."

≪육포단≫의 제1회에는 다음과 같은 내용이 있다. 성행위는 사람
에게서 나온 것이기에 해로울 것이 없다. 그러나 반드시 절제가 있어
야 하니 이른바 '여색'은 人參附子(인삼부자)와 같아서 오래 복용하면
음양이 도움이 되는 효과가 있으나 많이 복용하면 水氣(수기)와 火氣
(화기)가 상극하는 폐단이 있다. 약이 되면 가슴속 답답함을 풀어 주는
즐거움이 되지만 식사가 되면 근을 상하게 하고 혈을 소모하는 근심
이 된다는 것이다. 이 말은 당시 사람들의 생활경험에서 나온 말로 사
리에 부합된다고 할 것이다. 그러나 전체적으로 ≪육포단≫은 지나치
고 터무니없는 성애묘사로 빠지는 면이 있다. 사회, 인생에 대한 작가
의 인식과 태도가 성생활의 경험에 대한 이야기보다 훨씬 비중이 크
다는 점을 앨리스는 현대적 성 이론으로 관조하고 있다. ≪육포단≫의
작가는 분명 성문제에 대해 인식하고 있지만 사회와 인생에 대한 견
해는 쾌락주의적이다. 사실 작품의 서두에 나오는 詞(사) <滿庭芳>
(만정방)은 육욕과 일시적인 쾌락에 대한 탐닉이 주제로, 어떤 의미에
서는 작가의 인생관을 표방한다고 할 수 있다. 따라서 자극적이고 도
발적인 색정문학으로 평가받아 왔다.

중국인들은 대개 현실인생에 집착하고 피안에 관한 이야기를 그다
지 믿지 않았다. 고대 중국에는 인생이 짧고 청춘이 흘러감을 탄식하
며 순간의 즐거움이나 누리자는 노래가 적지 않았다. 그러나 ≪육포

단≫의 서두에 나오는 <만정방>처럼 남녀의 방술을 인생 최고의 즐거움이자 인생의 모든 것이라 하고, 인생을 쾌락을 좇는 성 풍속도 정도로 보고 노래하는 시가는 찾아보기 어렵다. 이런 향락주의적 사고에 기초하여 작가는 '음란함의 방지'라는 명분 아래 주인공 미앙생이 갖가지 육욕을 좇는 행위를 흥미롭게 서술했고 성교에 대한 묘사에 치중했다. 표면적으로 ≪육포단≫은 '인과응보'라는 공식으로 소설의 플롯을 풀어낸다. 그러나 작품 전체에 걸쳐 작가는 미앙생 같은 탕자에 대한 동정심과 함께 미앙생의 종욕과 향락행위에 대한 심리적 공감대를 드러내 준다. ≪육포단≫에서 미앙생은 천하제일의 인재라고 자평하지만 그의 걱정은 詩詞歌賦(시사가부)에도 과거급제에 전체지 않다. 오직 여색추구를 인간의 본성으로 볼 뿐이다. 그는 다음과 같이 말한다.

> "소자의 심성은 극히 풍류를 좋아하옵니다. 부귀공명은 마음대로 얻을 수 있으나 다 마음에 두지 않으니 이 일만 중히 여길 뿐이옵니다."

아름다운 아내를 얻은 뒤에도 그는 만족하지 못하고 말한다.

> "사내가 어찌 한 명의 부인에 기대어 늙을 때까지 함께 지내랴. 따로 몇몇을 찾아 입맛을 바꿔 놔야겠군."

그리하여 그는 벌이 꿀을 찾듯이, 나비가 꽃을 찾아 헤매듯이 육욕과 향락을 인생의 유일한 목표로 삼고 이 목표달성을 위하여 수단을 가리지 않았다. ≪육포단≫의 작자는 미앙생의 인생행위에 대한 여러 묘사를 통하여 그가 여색을 인생의 최고 기쁨으로 보는 향락주의의 관점을 나타내고 자신의 성지식과 성경험을 보여 주기도 한다. 이 때문에 ≪육포단≫이라는 소설은 작가가 묘사한 성 풍속도이며 미앙생에게는 작가의 그림자가 드리워져 있는 것이다. 이 성 풍속도는 물론 육욕의 세계다. 주목할 만한 것은 이 성 풍속도 안에는 권력의 작용도 금전적 관계도 없다는 점이다. 그것은 가상세계이자 비현실적, 비이성적 세계이며 탈출구가 없는 세계이기도 하다. 오로지 남녀 쌍방의 외모가 풍기는 매력과 성만족의 강렬한 욕구만 있을 뿐이다. 이것이 ≪금병매≫와의 차이점이다. ≪금병매≫에서 서문경과 관계를 가진 여성들은 그의 처첩이든 시종이든 기녀든 권력과 금전과 관계가 있었다. 남녀 양측은 점유자와 피점유자의 관계였던 것이다. 그러나 미앙생과 관계를 맺은 여성들은 서로가 서로를 점유한 관계였다.

≪육포단≫의 작가는 그의 주인공이 현세 업보가 주는 따끔한 충고를 받아서 불교에 귀의하게 할 수 있을 뿐이다. 그러나 내용은 대부분 엽색행각으로 채워지고 결말 부분에서 불가에 귀의한다는 것은 권선징악이라는 구색을 갖추기 위한 것으로 보인다. 작품의 결말에서 인과응보에 대해 언급하는 것은 이야기의 필연적 구조가 아니라 작자가 의도적으로 권선징악적 결말로 이야기를 마무리 지은 것뿐이다. 이런 식의 결말은 누구나 평생 나쁜 짓을 하다가 죽기 전에 불가에 귀의한다든지 영세를 받고 용서만 받으면 극락, 천당에 갈 수 있다는 논리와 다를 바 없다.

08

청대의 성문화

1. 명의 멸망과 청의 건국
2. 청대의 성과 사랑
3. 동성애의 유행

08 | 청대의 성문화

1. 명의 멸망과 청의 건국

명나라가 개국한 뒤, 약 백 년 정도는 사회가 비교적 안정되었다. 경제도 발전했고 사람들은 태평성대를 갈망했다. 그러나 명대 중엽에 이르자 사회상황에 변화가 일어났다. 즉 유교윤리를 바탕으로 한 관료주의의 횡포로 사회적 모순이 나날이 심화된 것이다.

제14대 神宗(신종)은 萬曆帝(만력제)로도 불리는데 隆慶帝(융경제)가 급사한 뒤 10살에 즉위했다. 그 때문에 황제의 스승인 大學士(대학사) 張居正(장거정)이 首輔(수보)가 되어 정무의 전반을 집행했다. 우리나라에도 임금의 나이가 너무 어리면 수렴청정을 하는 경우가 있었다. 임금의 어머니가 직접 정치에 관여하는 것이 그것이다. 이렇게 장거정은 권력의 중심에 서서 호구조사, 전답조사, 세제개혁 등을 실시했다. 그는 탁월한 정치력을 보여 주었지만 성격이 너무 강해서 황제나 다른 관리를 엄하게 대하는 바람에 원한을 많이 샀다. 그래서 그의 전횡에 반대하는 관료들이 東林黨(동림당)을 구성하여 동림과 비동림 간에 당파싸움이 야기되었다. 결국 이들의 싸움이 명나라가 멸망한 근본적인 원인이 되었다.

이후 장거정이 죽자 황제는 절제하지 못하고 사치와 방탕에 빠졌다. 전대 왕조가 교체되기 전에 늘 그랬듯이 이때도 환관이 발호하여 전횡을 했고 크고 작은 민란이 발생하였다. 더욱이 임진왜란을 맞은 조선으로 원병을 보낸 일로 재정이 궁핍해졌다.

명대의 마지막 황제는 崇禎帝(숭정제)로 불리는 毅宗(의종)이다. 기울어 가는 나라를 살리기 위한 숭정제의 노력은 그가 역대 중국의 다른 황제들에 비해 여색에 대해 가장 신중했던 사람으로 꼽히는 데서도 드러난다. 의종은 여진족의 발흥에 대비해 군사비를 과도하게 지출했고 자연히 민중의 납세부담은 과중해졌다. 여기에 가뭄과 심각한 기근으로 도시에서는 폭동이, 농촌에서는 반란이 일어났다. 안으로는 당쟁의 여파로 관료들 간에 의론이 분열되었고 군사력이 약화된 상황이었는데, 설상가상으로 밖으로는 북방에 만주족이 성장하고 있었다.

1616년 만주족 누르하치가 만주를 통일하고 만주족의 다른 이름인 여진족이 예전에 세웠던 금나라를 잇는다는 뜻에서 後金(후금)이라는 나라를 세우게 된다. 누르하치의 후계자 홍타이지는 국호를 淸(청)으로 고치고 주변 지역을 침공하여 영토를 확장함과 동시에 군사, 행정제도인 八旗(팔기)체제를 확립시켰다.

이때 명에는 李自成(이자성: 1606~1645)이라는 인물이 등장했다. 1628년 陝西(섬서)지방에 대기근이 들어 굶어 죽게 된 농민들이 반란을 일으키자 그는 여기에 동참했다. 그는 단기간에 통솔력을 발휘해 농민 반란군을 지휘하는 능력을 발휘했다. 1643년 湖北省 襄陽(호북성 상양)에서 스스로를 新順王(신순왕)이라 칭하고 西安(서안)지방을 점령했다. 이듬해에 국호를 大順(대순), 연호를 永昌(영창)이라고 하고 관료제도를 설치하고 국가체제를 정비하였다. 또한 東征軍(동정군: 동쪽을 정벌하는 군대)을 일으켜 山西省(산서성)을 거쳐 북경까지 진출하게 된다.

명의 장수 吳三桂(오삼계)는 군대를 통솔하고 있었지만 만주족의 침략을 저지하기 위해 북방에 있었다. 따라서 명나라 황실은 북경에 진출한 이자성 군대를 막아낼 능력이 없었다. 명의 마지막 황제 숭정제는 나라를 살리려고 노력했으나 역부족이었다. 그는 황태자를 피신시켰고 황녀가 잡힌다면 욕을 당해 죽게 될 테니 차라리 직접 죽이는 것이 낫다고 하여 자기 손으로 딸을 죽였다. 그리고 1644년 3월 18일 煤山(매산: 현재의 萬歲山(만수산))에서 목을 매고 자살했다. 명나라는 이렇게 멸망하게 되었고, 이자성은 자신을 새 왕조의 황제로 선포했다. 그리고 명의 장수 오삼계의 애첩 陳丹丹(진단단)을 후궁으로 삼았다.

명이 망하고 자신의 애첩을 후궁으로 삼았다는 소식을 들은 오삼계는 이를 갈았다. 이자성을 응징하기 위해서 그는 청과 공동전선을 구축하고 북경을 공격했다. 청에서는 홍타이지 다음에 즉위한 順治帝(순치제)의 팔기군이 산해관을 넘어서 명나라 수도였던 북경을 점령했다. 이렇게 이자성은 패배하고 북경을 탈출했으나 결국 잡혀서 죽음을 당했다. 만주족이 세운 청나라는 이렇게 중국을 지배하게 되었다.

만주족이 세운 청은 한족 남자도 만주족 옷을 입도록 하고 변발을 강요했다. 한족 여성의 경우 옷에는 그다지 관여하지 않았지만 만주족 여성은 한족의 복장을 따르거나 전족을 못 하도록 했다. 그런데도 불구하고 당시 여성들 사이에서는 전족이 유행했다. 한족의 풍습인 전족이 대단히 매력적인 것으로 여겨졌던지 여성들이 극심한 고통에도 불구하고 너도나도 전족을 했다. 그것은 전족이 당시에는 미의 상징이었기 때문이다. 이후 강희제는 전족을 폐지하려고 했으나 결국 실패하고 말았다.

또한 청대에는 ≪紅樓夢(홍루몽)≫, ≪儒林外史(유림외사)≫, ≪聊齊志異(요재지이)≫ 등 걸작 소설들이 나왔고, 희곡도 풍성하게 연출되었다. ≪홍루몽≫은 명대 ≪금병매≫처럼 사회의 부패와 타락을 잘 드러내고 있다. ≪금병매≫는 입신출세와 색욕에 빠져 무도한 짓을 일삼는 인물과 그의 몰락을 통해 사회상을 드러내지만 ≪홍루몽≫은 賈寶玉(가보옥), 林黛玉(임대옥), 薛寶釵(설보채) 등 전형적인 세 인물 사이의 복잡한 애정관계를 묘사함으로써 사회적 모순과 갈등을 매우 생동감 있게 보여 주고 있다. ≪홍루몽≫에도 적지 않은 성애묘사가 있지만 그다지 노골적이지 않다. 또한 성애를 통해 사회의 모순을 반영하고 애정의 자유와 인성의 해방을 추구했기 때문에 중요한 시대적 의의를 갖는다. 그런데 건륭제는 만주족에 반발하는 한족의 민족주의를 억누르기 위해 통치에 불리한 책을 모두 소각시켰다. ≪금병매≫는 물론 ≪수호전≫ 같은 소설도 풍속을 문란하게 하고 사회의 불안을 초래한다고 금서로 지정하였다. 성리학에서는 예교규정에 어긋나는 이성관계는 모두 음란하다고 여겼으니 ≪홍루몽≫도 여기서 벗어나지 못했다. 청대 陳基元(진기원)은 ≪庸閒齋筆記(용한재필기)≫에서 다음과 같이 경고했다.

> 음서로는 ≪홍루몽≫이 으뜸이다. 어리석은 남녀의 성정을 묘사하
> 면서 표면적으로는 '음' 자를 한 글자도 드러내지 않지만, 사람들
> 이 보면 생각하고 정신적으로 즐기면서 그 의미를 전이시키게 만
> 드니 이른바 큰 도둑은 방패와 창을 쓰지 않는 것과 같다.

성애소설이 금지되자 방중술에 관한 여러 문헌과 성을 묘사한 책들도 된서리를 맞고 지하로 숨어들게 되었다. 문인들도 문자옥이라는 족쇄를 피하기 위해 성애에 관한 글은 아예 쓰지 않았다. 성문제를 말하는 것조차 극단적으로 꺼렸고 성적인 문제로 구설수에 오르는 것을 최고의 수치로 여기게 되었다.

2. 청대의 성과 사랑

청나라를 세운 만주족은 원래 성적으로 상당히 자유로웠다. 청초 순치제의 모친 博爾濟吉特后(박이제길특후)는 남편이 죽자 다이곤에게 재가했다. 청대는 전반적으로 성리학적 예교가 극도로 강조되어 여성의 재가는 생각도 할 수 없었지만 청초에는 성리학적 예교의 영향을 아직 크게 받지 않았을 뿐 아니라 그녀가 높은 권력을 가진 황제의 어머니로서 눈치 보지 않고 행동할 수 있었기 때문이다. 이런 경우는 중국 역사에서 극히 이례적이다. 그러나 이후 한족 유학자들이 관리로 등용되자 청대의 분위기는 성리학적 남녀예교의 원칙에 급속히 동화되었다. 제6대 황제인 고종, 건륭연간에 紀昀(기윤)은 ≪順治實錄(순치실록)≫에 실린 황태후의 재가에 관한 일을 청나라의

수치라며 건륭제에게 삭제할 것을 상소했다고 한다.

그러나 건륭제 자신은 역대의 제왕들처럼 수많은 여인들을 거느리고 즐겼다. 그는 북경의 청궁 안에 迷魂閣(미혼각)을 건립하고 항상 미복을 하고 출궁했다. 민간에서 미녀를 보면 궁으로 납치하게 하여 미혼각에 깊이 감금하고 유린했다. 납치된 미녀 가운데 梨娘(이낭)이라는 여인이 있었는데 건륭제는 특별히 그녀를 총애했다. 황후가 이 사실을 알고 황제가 다른 곳에 간 틈을 타 시종과 함께 미혼각 안으로 들어갔다. 그녀는 이낭의 옷을 벗기고 목을 매게 한 후 산 채로 불을 질렀다. 또 미혼각 안의 모든 미녀들에게도 사약을 내려 죽게 하고 문 앞에 비석을 세워 미혼각을 폐쇄시켜 버렸다. 이 비석에는 "이곳은 지옥이 있는 곳으로 영원히 열어서는 안 된다."는 글을 새겼다.

한편 첩을 들이는 규정은 청대 이전에도 있었지만 잘 지켜지지 않았다. 특히 청대에 이르면 사대부가 첩을 들이는 데 아무런 기준이 없어지고 백성들 중에도 부자나 거상들이 많은 첩을 거느리게 되었다. 청이 망하고 중화민국이 성립된 뒤 제정된 ≪暫行新刑律補充條例(잠행신형률보충조례)≫ 제12조에는 첩의 존재를 법적으로 인정하고 있다. 또 민국 16년(1927년), 국민정부의 최고법원에서는 첩이 가정의 일원임을 승인했다. 남녀 간의 예교가 중국의 역대 어느 왕조보다 청대에 와서 고루하고 완고하게 지켜지도록 강요된 것을 고려하면 그 지위에 있어서 큰 변화라 할 수 있다.

남성들이 처녀를 애호하는 기풍은 청대에도 여전했다. 청말의 속곡인 五更調(오경조) ≪鬧新房(요신방)≫을 보면 당시 결혼풍속이 나온다. 一更(일경)에 사람들이 신방을 떠들썩하게 하고, 二更(이경)이 되면 신랑신부가 비단 휘장의 신방 안으로 들어간다. 三更(삼경)에 신랑은 신부에게 붉은 혈흔이 보이는지를 살펴보고 즐거워한다. 이것은 청대 민간의 풍조를 그대로 반영한 것으로 혈흔이 있는 수건은 신랑 뿐 아니라 때로는 밖에 있는 하객들이나 신랑 측 부모들도 돌려 보아야 했다. 만약 신부에게 혈흔이 보이지 않으면 바깥에 둘러서서 처녀의 징표를 보려고 기다리는 사람들은 놀라 수군거릴 것이다. 이런 경우 때로는 심각한 결과를 초래했다.

청초의 소설 ≪醒世因緣傳(성세인연전)≫을 보면 다음과 같은 내용이 나온다. 魏三封(위삼봉)이라는 남자가 程大姐(정대저)를 아내로 맞아들였다. 그런데 첫날밤에 혈흔이 보이지 않는 것이 아닌가? 위삼봉은 아내에게 혹독한 매질을 가하고 친정집으로 끌고 갔다. 처참하게 두드려 맞은 딸을 본 정대저의 친정어머니는 위삼봉과 말싸움을 하다가 도리어 손찌검을 당했다. 그런데 이 광경을 지켜보던 주위 사람들은 싸움을 말리면서도 친정어머니를 질책했다. 혀를 끌끌 차며 딸을 잘못 키웠다고 할 뿐이었다. 소설 속에서 위삼봉과 정대저 둘 다 사생활이 문란한 것으로 되어 있지만, 유독 위삼봉이 정조관념에 집착하는 데서 봉건예교에 젖은 남성들의 극단적 이기심을 엿볼 수 있다. 그의 행동은 오히려 주위 사람들에게 동정받고 칭찬을 받았다. ≪성세인연전≫의 내용은 비록 허구지만 청대 민간의 풍조를 잘 반영한다고 볼 수 있다. 이런 사회풍조 때문에 남편을 여읜 뒤 늙어 죽을 때까지 수절하는 여성들이 적지 않았다.

처녀의 징표와 관련해 청대 采蘅子(채형자)의 ≪蟲鳴漫錄(충명만록)≫에는 다음과 같은 일이 기록되어 있다. 열두세 살쯤 되는 어린 여자아이가 터진 잠방이를 입고 호미자루를 올라타고 껑충껑충 뛰며 놀고 있었다. 아이가 돌아간 뒤 곁에 있던 노인이 호미자루를 보니 핏자국이

선명히 남아 있었다. 노인은 이내 처녀막이 파열된 흔적임을 알고는 호미자루를 따로 보관해 숨겨 놓았다. 몇 년 뒤 여자아이가 시집을 갔는데 남편에게서 소박을 맞게 되었다. 첫날밤을 치렀는데 처녀의 흔적이 보이지 않는다는 것이다. 이때 노인이 혈흔이 있는 호미자루를 내보이니 오해가 풀렸다. 사려 깊은 노인이 우연히 처녀의 징표를 보관해 준 덕분에 그녀는 소박맞는 일을 면했다.

한편 청대 민가나 속곡에는 성애를 소재로 한 남녀관계의 작품이 적지 않다. 여기에는 자유연애에 대한 민중의 갈망을 그대로 반영하고 있다. 청 중엽 華廣生(화광생)이 지은 ≪白雪遺音(백설유음)≫의 馬頭調(마두조)에는 <大雪紛紛(대설분분)>이 있는데 그 내용은 다음과 같다.

아침에 눈 펄펄 내려 온 세상이 뒤덮였네. 사랑하는 이 어딜 다녀 왔는지? 온몸은 꽁꽁 얼어 눈덩이 같아라. 급히 이불 내어 덮어 주네. 당신의 몸은 녹여도 마음은 녹이지 못하네. 다른 여자 사모하고 있는 그대 결국 나를 우롱하나. 잘 생각해 봐요, 어떤 성품으로 나 같은 이런 일 참을 수 있을지.

또 <喜只喜的(희지희적)>이라는 노래도 실려 있다.

기쁘고 기뻐라, 오늘밤. 두렵고 두려워라, 내일의 이별. 이별한 뒤 어느 밤에 또 만날지 모르네. 한밤을 알리는 북소리 들리니 달빛은 사창을 비추고 그림자는 서녘으로 기우네. 두 손으로 하늘 위의 달 붙잡아 두지 못함이 한스러워라. 규방의 달은 어찌 규방의 밤을 만들지 못할까, 하늘이 원망스러워라.

청말에 와서야 이런 자유로운 인성을 긍정하는 목소리가 나오게 된다. 錢大昕(전대흔)은 이혼의 자유를 주창하고 이혼한 여자를 경멸하는 것에 반대했다.

아내를 버리는 뜻이 전부 남편에게만 있지 않으니, 여염집의 부인들을 보호해야 한다. 후세 세간의 부인들은 시부모에게 총애를 잃고, 시숙 시누이에게 비방의 말을 듣고 억울해서 죽는 이가 있다. 혹은 그 남편이 난폭하고, 첩에게 빠져 지내서 죽는 이도 있다. 고대의 예에 따르면 필히 버려야 할 義(의)인데, 어찌하여 여전히 부인을 또 속박하고, 부인을 묶어 두고 사지에 이르게 한 뒤에 기뻐하는가?

봉건예교가 청대사회를 짓눌렀지만 자연스러운 인성의 표출은 황궁 내에서도 막을 수가 없었다. 청말 황궁에는 慈禧太后(자희태후: 이후의 서태후)와 대태감 李蓮英(이연영)의 알려지지 않은 스캔들이 있었다. 당시 어의였던 馬培之(마배지)는 자희태후를 진찰한 적이 있었다. 진찰을 마친 그가 이상한 느낌이 들어 어린 환관에게 캐물으니 그녀에게 약간의 유산 후유증이 있음을 알게 되었다. 처음에는 자희에게 榮祿(영록)이라는 남자가 왕래했는데, 근래에는 이연영이 왕래했다고 한다. 자희가 이연영의 아이를 임신해 유산한 일을 알게 된 마배지는 크게 놀랐다. 이 사실은 1990년 홍콩의 의사 陳存仁(진존인)이 <男性酷刑太監考(남성혹형태감고)>라는 글에서 발표한 바 있다. 이런 일이 가능했던 것은 이연영이 환관이기는 하지만 완전히 거세를 하지 않았거나, 아예 거세를 하지 않고 궁에 들어갔기 때문일 것이다. 남자가 8세 이전에 거세를 해도 성기의 일부를 남겨 두었다면 8세 이후 건강한 상태의 발육기 동안 성기능이 회복될 수 있다고 한다. 청대 필기 ≪雙槐歲抄(쌍괴세초)≫에는 이런 경우에 관해 기록되어 있다.

"이 무리들 중 남성성이 특별한 자는 반드시 여색을 가까이하게 된다."

자희태후를 임신시킨 이연영의 경우, 만일 거세하지 않은 환관이었다면 칼을 다루는 사람과 궁중의 검사관을 매수해서 궁 안으로 들어갔을 가능성이 높다.

청말 자희태후의 신망을 얻어 설치다가 처형당한 또 다른 환관 安得海(안득해)도 비슷한 경우였다. 1869년 자희태후는 신임하는 환관 안득해를 廣東(광동)으로 보내 일을 처리하게 했다. 그러나 산동의 巡撫(순무) 丁寶禎(정보정)은 환관은 궁 밖으로 출입할 수 없다는 조제를 어겼다는 이유로 안득해를 압송해 同治帝(동치제)에게 보냈다. 안득해가 잡혀 오자 동치제는 어떻게 처리할지를 여러 대신들과 상의했다. 자희태후도 어쩔 수 없는 상황이 되어 비준을 하였고 안득해는 처형당하게 되었다. 정보정은 안득해와 20여 명의 환관들을 함께 처형했다. 그런데 놀라운 사실은 형이 집행된 다음에 일어났다. 처형한 뒤 살펴보니 안득해에게 거세의 흔적이 없는 것이 아닌가? 그래서 외부에는 다른 환관의 시체를 안득해의 것이라 하고 3일 동안 시체를 공개했다. 가짜 환관에 황실이 농락당했다는 사실을 감추고 황실의 명예를 위해서였다.

이연영이 자희태후를 임신시켰듯이 간혹 거세하지 않은 환관들이 있었다. 이런 가능성을 궁중에서도 알고 있기 때문에 청대 궁중에는 정기적으로 환관들의 아랫도리를 검사하게 했다. 3년에 한 번 소규모로, 5년에 한 번은 대대적으로 검사했다고 했다.

설사 완전히 거세되어 성기능을 잃어버렸을지라도 성적 관심은 가질 수 있었다. 성기는 없지만 성호르몬 분비선이 남아 있기 때문에 성욕이 생길 수 있는 것이다. 또 성년이 된 후에 거세를 한 경우에는 과거의 성경험에 대한 기억과 성적 환상을 여전히 가지고 있다. 청 擁正帝(옹정제)가 1792년, "앞으로 17세 이상의 태감은 받지 않는다." 고 규정한 것도 이런 이유에서였다. 청대 필기인 ≪浪迹叢談(낭적총담)≫에 의하면 이런 경우 마음은 동하되 몸은 역부족이기 때문에 주로 손과 입으로 애무하는 것으로 성욕을 발산했다고 한다.

3. 동성애의 유행

청대에는 동성애가 유례없이 성행했다. 청대가 남녀예교를 가장 엄격히 강요하던 시기인 것을 감안하면 여기에는 여러 가지 사회적 요인을 찾아볼 수 있다. 성리학적 남녀예교를 강조하면서 청초에는 조정이 나서서 선비들이 기방을 출입 못 하게 하고 이를 어기는 자는 처벌했다. 게다가 통치계층인 만주족의 혈통을 유지하기 위해 한족과 만주족 간의 결혼을 장기간 금지했다. 또한 만주족끼리의 결혼도 자유연애로 할 수 없었으므로 부부간의 정신적, 육체적 사랑도 만족스럽지 못했다. 그렇다고 간통을 할 수도 없는 노릇이었으니 동성을 통한 성욕 해소는 어쩔 수 없이 이루어진 면이 있다. 동성애는 부부간의 질서를 규정한 삼강오륜을 어기는 것이 아니었고, 이성애와 달리 혈통의 문란을 가져와 가정의 질서를 어지럽히기나 사회를 와해시키는 것도 아니었다. 따라서 이 시대에는 이성 간의 행위를 통제할지언정 오히려 동성애에 대해서는 관대했다. 동성애는 법률에 저촉되지 않았으며 기생에게 주는 화대보다 적은 비용으로도 가능했으며 동성과의 관계이기 때문에 유부남일지라도 부인과의 불화도 줄일 수 있었다. 당시 사대부계층에서 남색을 밝히는 것은 풍류일 뿐 아니라 기생을 찾는 것보다 인기가 있었다. 나중에는 민간에서도 이를 좋게 보아 남자를 좋아해서가 아니라 여자 기생을 찾지 않고도 부인에게 절개를 지키는 일로 여기기도 했다.

청대에 동성애가 유행한 것은 망국의 한과도 관련이 있다. 한족이 지배계층이었던 명나라가 망하자 이들은 나라 잃은 슬픔을 배우들의 노래로 풀며 눈물을 쏟았다. ≪唯性主觀齋主(유성주관재주)≫에 따르면 경극 배우들 가운데 여자 역할을 맡는 남자배우들이 있었다. 여자보다 더 여자 연기를 잘하는 이들은 한족의 동성애 상대자가 되었다. 청대 남성들의 동성애 상대로는 배우가, 이성애 상대로는 창기가 있었는데 배우는 창기보다 사회적 지위가 약간 낮았다. 둘 다 남자의 노리개인 것은 마찬가지였지만 배우는 자녀를 낳거나 유산을 물려받을 수 없으므로 지위가 낮았던 것이다. 청대 법률에 따르면 성적으로 희롱당한 남자배우는 과거시험에 응시할 수 없다고 규정해 놓았으니 비천한 신분의 이들에게 사회활동이 얼마나 제약되었는지를 알 수 있다.

청대 동성애에 대한 기록은 ≪聊齋志異(요재지이)≫, ≪閱微草堂筆記(열미초당필기)≫ 같은 필기소설에 자주 등장한다. 紀昀(기윤)의 ≪열미초당필기≫에는 남첩에 관한 기록이 많이 보인다. 어떤 부자가 10세가 안 된 단정하고 예쁜 사내아이를 사서 어린 시첩을 희롱하는 장면을 보여 준다. 사내아이가 등불을 들고 옆에서 지켜보며 시중들게 한다. 이런 장면을 오랫동안 보고 자란 아이는 커서도 동성애를 당연한 것으로 여기고 부자의 남첩이 되었다. 비록 필기소설의 내용이지만 옛 중국의 현실을 반영한다고 할 것이다.

畢秋帆(필추범)은 청대 사람으로 과거에 장원 급제하여 陝西(섬서), 山東(산동)의 巡撫(순무)와 湖北省(호북성), 湖南省(호남성)의 총독을 역임했다. 그는 정치적, 군사적으로는 물론 문학, 고증학에서도 큰 성취를 이루었다. 기록에 의하면 "필추범은 섬서 순무로서 손님을 맞았는데 대부분은 동성애 취향을 갖고 있었다."고 한다. 그와 李桂官(이계관)의 동성애는 실제 있었던 사실로서 청대소설 ≪品花寶鑑(품화보감)≫에도 나오며 동시대 경극 ≪狀元夫人(장원부인)≫도 이 이야기를 소재로 하고 있다. 이계관은 浙江(절강) 사람으로 외모가 준수했고 당시 북경에서 제일 유명한 배우였다. 필추범이 북경에서 과거공부를 할 때 접대장소에서 우연히 이계관을 보게 되었다. 처음 그를 본 순간 마음이 격해지는 것을 느꼈으나 가난한 형편에 물어볼 엄두를 내지 못했다. 공교롭게도 이계관 또한 젊은 필추범에게 그런 감정을 느꼈다고 한다. 얼마 지나지 않아 그는 필추범의 거처를 알아내어 문안을 갔다. 이렇게 두 사람은 사랑하는 사이가 되었다. 필추범은 북경에서 어려운 생활을 하고 있었지만 이계관은 유명한 배우로 쉽게 돈을 벌었다. 이계관은 필추범에게 아낌없이 경제적 지원을 했다. 필추범은 이런 도움으로 금세 빈궁한 생활에서 벗어나 비단옷을 입고 가마를 타고 이계관의 집을 드나들었다. 이를 본 사람들은 필추범이 현모양처를 얻었다고 농담 삼아 말하기도 했다. 얼마 뒤 필추범이 과거에 장원으로 급제하니 인재를 알아본 이계관의 내조 덕분이라고 했다. 이들의 이야기는 금세 미담으로 알려지게 되어 유명한 시인 袁枚(원매)는 이계관을 칭송하는 시를 짓기도 했다. 독수공방하던 조강지처가 경제적 어려움을 참고 견디며 내조하여 남편을 장원급제시킨 경우처럼 당시 사람들은 이계관을 '狀元夫人(장원부인)'이라 부르기도 했다.

한편 청대의 시인이자 화가인 吳梅村(오매촌)은 당시 인기 있던 남 창 王郎(왕랑)의 인기를 그가 지은 시에서 묘사하고 있다. 시의 일부 를 살펴보자.

> 오릉의 협소 호화자는 기꺼이 왕랑을 위해 죽으려 했네.
> 상서의 기약을 잃을지언정 왕랑을 늦게 볼까 봐
> 야간통금을 어길지언정 왕랑과의 시간을 못 얻을까 봐
> 좌중에 미친 듯 호객해도 금하는 이 없고
> 왕랑의 한 마디 한 마디에 모두 감탄을 하네.

남성뿐 아니라 청대 여성 간의 동성애에 대한 기록도 찾아볼 수 있 다. ≪淸稗類鈔(청패류초)≫에는 청말 민초 上海(상해)의 여자 동성애 에 대한 기록이 있다. 磨鏡黨(마경당)이라는 여자 동성애 단체가 있었 는데 이를 중심으로 한 상해 기생들의 동성애 행각에 대해 서술되어 있는 것이다.

고대 중국에는 성을 신비스러운 것으로 보았기에 성숭배, 성교숭 배, 생식기숭배가 이루어졌다. 이후 수천 년이 지난 청대에도 남근이 나 여근이 가지는 주술적 능력에 대한 믿음은 남아 있었다. 이른바 '陰門陣(음문진)'이라는 것이다. 바로 아녀자들의 음부를 드러내어 적 을 무력화시키는 것이다. 청대 俞蛟(유교)의 ≪臨淸紀略(임청기략)≫ 에는 다음과 같은 기록이 있다.

> 건륭 39년 산동에서 왕윤이 폭동을 일으켰다. 왕윤의 무리들이 성
> 을 공격하자 성 위의 병사들이 왕윤의 무리를 살폈다. 그 속에는
> 노란 마고자를 입고 앉아서 염불을 하는 사람이 있었다. 병사들이
> 그를 집중 포격했지만 번번이 빗나갔다. 병사들은 그에게 법력이
> 있어서 맞지 않는다고 여겼다. 그러자 한 노병이 급히 기녀들을 불

러 성벽에 올린 뒤 아랫도리를 벗게 하고 음문으로 이 사람을 조준
했다. 이렇게 포를 쏘았더니 그는 몇 발만에 맞아서 쓰러졌다.

김명석 ————————————

고려대학교 중어중문학과 학사(1994)
고려대학교 대학원 중어중문학과 석사(1997)
中國 南京大學校 대학원 中文系 박사(2000)
고려대학교 대학원 중어중문학과 박사 후 연구과정(Post. Doc) 수료(2001)
KCU한국사이버대학교 중국학부 조교수(2003~2005)
위덕대학교 중국어학과 조교수(2005~)

「홍콩 대중문학에 나타난 홍콩인의 정체성 연구 ① – 무협소설을 통한 金庸의 정체성 찾기」
「탈식민의 굴절된 렌즈에 갇힌 이야기-王家衛의 〈2046〉」
등 23편

역사 속 중국의 성문화

초판인쇄 | 2010년 10월 29일
초판발행 | 2010년 10월 29일

지 은 이 | 김명석
펴 낸 이 | 채종준
펴 낸 곳 | 한국학술정보㈜
주　　소 | 경기도 파주시 교하읍 문발리 파주출판문화정보산업단지 513-5
전　　화 | 031) 908-3181(대표)
팩　　스 | 031) 908-3189
홈페이지 | http://ebook.kstudy.com
E-mail | 출판사업부　publish@kstudy.com
등　　록 | 제일산-115호(2000. 6. 19)

ISBN　　978-89-268-1675-2　03910(Paper Book)
　　　　　978-89-268-1676-9　08910(e-Book)

이담
Books 는 한국학술정보(주)의 지식실용서 브랜드입니다.